Olga Plumacher

Zwei Individualisten der Schopenhauer'schen Schule

Olga Plumacher

Zwei Individualisten der Schopenhauer'schen Schule

ISBN/EAN: 9783743697027

Hergestellt in Europa, USA, Kanada, Australien, Japan

Cover: Foto ©ninafisch / pixelio.de

Weitere Bücher finden Sie auf **www.hansebooks.com**

ZWEI INDIVIDUALISTEN

DER

SCHOPENHAUER'SCHEN SCHULE.

VON

O. PLUMACHER.

WIEN, 1881.
VERLAG VON L. ROSNER.

ZWEI INDIVIDUALISTEN

DER

SCHOPENHAUER'SCHEN SCHULE.

Ph. Mainländer: „Philosophie der Erlösung". Berlin, 1876, Th. Grieben.

Lazar B. Hellenbach: „Philosophie des gesunden Menschenverstandes". Wien 1876, Braumüller.

— — „Individualismus im Lichte der Biologie und Philosophie". Wien, 1878, Braumüller.

— — „Die Vorurtheile der Menschheit". 3 Bände. Wien, 1879 und 1880, L. Rosner.

Einleitung.

Wenn ein Denker, der seine Ideen nur in Werken niedergelegt, und nicht durch persönliche Lehrthätigkeit für dieselben Propaganda gemacht hat, trotzdem dazu gelangt im eigentlichen Sinne eine „Schule" zu erzeugen, so darf dies als ein sicheres objectives Kennzeichen der epochemachenden Bedeutung seiner Leistungen betrachtet werden. Dieser Thatverhalt stellt sich mehr und mehr bei Schopenhauer heraus, und wird nichts daran geändert, dass innerhalb dieser Schule die Meinungsabweichungen sowohl vom Meister, als zwischen den Jüngern unter sich eine so weitgehende und tiefgreifende ist. Es ist dies in der Philosophie Schopenhauer's selbst, sowie deren principiellen Stellung zu den ihr zeitgenössischen Systemen begründet.

Wenn H. Vaihinger in den Anmerkungen zu seiner Schrift „Hartmann, Dühring und Lange" *) zwar den gewaltigen Einfluss Schopenhauer's auf die Philosophen der Gegenwart betont, jedoch meint, er habe keine „Schule" gegründet, so ist es jedenfalls nur eine zu enge Fassung des Begriffes Schule, die diesen Ausspruch thun lässt.

Wer auch die Philosophie unter dem Gesichtspunkt der Entwicklung zu betrachten geneigt ist, der wird die

---

*) Iserlohn, Baedecker, 1876.

Bedeutung eines Philosophen nicht sowohl darnach abschätzen, zu wie viel mehr oder weniger funkelnden Nebensonnen getreulich reproducirender Jünger sich dessen Geistesstrahlen concentrirten, als nach der Befruchtungskraft, welche die einzelnen Momente seines Systems einerseits isolirt auf die Behandlung der wenigen fundamentalen, ewigen Probleme, und anderseits deren Grundprincip bei der Behandlung der verschiedenen Zweige der Wissenschaft beweist.

Wenn Schopenhauer also auch verhältnissmässig sehr wenig jener getreu zum Worte schwörender Schüler besitzt (wie z. B. ausnahmsweise Deussen*) einer ist), so ist er doch entschieden unter die einflussreichsten Philosophen der Neuzeit zu rechnen, betrachtet man die stattliche Schaar, einerseits der Philosophen, die entweder von seinem Grundprincip, seiner Erkenntnisstheorie oder beiden zusammen aussprossend, sich zu einem mehr oder weniger originellen System, oder zu einer Methode philosophischer Kritik erhoben, anderseits jener Schriftsteller, Dichter und Künstler, deren Geist von seinen Ideen durchdrungen erscheint.

Wir fassen den Begriff der Schule im weitesten Sinne und verstehen unter den Schopenhauerianern nicht sowohl solche, deren Geist beim Meister Ruhe und bleibende Rast gefunden, als vor allem diejenigen, die von ihm aus ihren Ausgang genommen; und erscheinen uns die Schopenhauerianer um so interessanter, je mehr der Zweifel berechtigt scheint, ob man sie überhaupt noch als solche bezeichnen dürfe.**)

*) „Elemente der Metaphysik". Aachen, J. A. Meier, 1877.
**) Ob der Meister selbst die nöthige Selbstverleugnung besessen hätte, diesen Maassstab als einen Berechtigten für den Werth einer Philosophie für ihr Zeitalter und die Bedeutsamkeit ihrer Jünger so hochgemuth*t* anzuerkennen, wie es kürzlich bezüglich seiner selbst E. von Hartmann vermochte, ist auch aus andern Gründen, als aus Schopenhauer's oppositioneller Stellung zum Entwicklungsbegriff zu bezweifeln, ist aber ohne Bedeutung für uns.

Vaihinger, ein in die Fusstapfen A. Lange's tretender Neu-Kantianer, legt den meisten Werth auf den durch Schopenhauer angebahnten Rückgang auf Kant, als „dem in der Philosophie der Gegenwart wichtigsten Factor". Wir sehen das entscheidendste Moment im Realprincip des Willens und halten dafür, dass wenn Schopenhauer „den Sturz des nachkantischen Idealismus, wie er in Hegel seinen Höhepunkt erreichte", veranlasste, das Realprincip eben so einflussreich war, wie die Methode. Das allen Schopenhauerianern Gemeinschaftliche ist der Wille als psychisches Grundprincip; ob derselbe auch als das allgemeine Princip des absoluten Seins anzunehmen sei, fällt bereits in's Gebiet der Abweichungen. Wo das letztere der Fall ist, da wird die idealistische Erkenntnisstheorie zu Gunsten eines Transcendental-Realismus aufgegeben (Bahnsen, Frauenstaedt unter den Philosophen); wird die idealistische Erkenntnisstheorie acceptirt, so erfolgt eine Annäherung an den Neu-Kantianismus und es resultirt ein Skepticismus gegen Metaphysik und System, der zum mindesten eben so weit von Schopenhauer abführen kann, wie die andere Richtung.

In der skeptischen Richtung nennen wir nur F. Nietsche und den als Novellisten und Dichter auch in weiteren Kreisen bekannten H. Lorm (Dr. Landesmann); während ersterer durch eine energische Lebensbejahung eine sonst nicht gezogene Consequenz der Willensphilosophie vertritt, bekennt der letztere einen auf die Verzweiflung an der Möglichkeit positiver transcendenter Erkenntniss gegründeten, intellectuellen Pessimismus, dem sich aber ein Optimismus des „unvernünftigen Sonnenscheins", ein „Optimismus ohne Grund", wie er aus dem instinctiven Gefühlsleben entspringt, zugesellt, wodurch eine — besonders wo Lorm als Dichter auftritt — ganz eigenthüm'ich schillernde Welt- und Lebensanschauung resultirt.

Eine weitere, wurzeltiefe Spaltung findet dadurch statt, dass das Grundprincip statt mit dem Meister in monistischer, in individualistischer Form gefasst wird; und zwar kann die individualistische Bestimmung des Grundprincipes sich mit einem erkenntnisstheoretischen Idealismus, resp. Skepticismus, oder mit einer transcendental-realistischen Weltanschauung combiniren. In ersterem Sinne ist wieder Nietsche zu nennen, die zweite Stellung nehmen Bahnsen sowie die beiden Philosophen ein, die uns hier beschäftigen.

Bahnsen, der charakterologische Individualist, und Frauenstaedt, der Monist auf erkenntnisstheoretischer Grundlage des Transcendental-Realismus, haben vor einigen Jahren eine eingehende Erörterung ihres Standpunktes und deren Bedeutung für die Philosophie der Gegenwart in Gottschall's „unsere Zeit" *) durch E. v. Hartmann erhalten. Frauenstaedt's verschiedene Folgen „Briefe über die Schopenhauer'sche Philosophie" waren für ein weiteres Publikum berechnet, und klar geschrieben, liessen sie ihres Verfassers philosophische Entwicklung und seine wachsenden Divergenzen von Schopenhauer mühelos erkennen. Bahnsen's Weltanschauung muss aus einer Anzahl einzelner, zum Theil fragmentarischer Schriften, psychologischen und kritischen Inhaltes, herausgelesen worden; in diesem Falle hatte das Publikum ganz besonders Grund, dankbar zu sein, dass eine im Analysiren so ausgezeichnete Kraft ihm diesen originellen Philosophen und philosophischen Sonderling vorstellte. Wenn L. B. Hellenbach diese Darstellung der Bahnsen'schen Philosophie eine „idealisirte", Bahnsen selbst dagegen eine „Carricatur" nennt, so hat Hellenbach durchaus die richtige Bezeichnung für Hartmann's Thun

---

*) Wieder abgedruckt in „Neu-Kantianismus, Schopenhauerianismus und Hegelianismus". B. III und IV. C. Duncker, Berlin 1877.

getunden, da „idealisiren" in der Kunst doch nur in dem Sinne Abweichung von der Natur meint, als alle Zufälligkeiten, unwesentlichen Auswüchse und Anhängsel weggelassen sind, wodurch die Hauptlinien nur verdunkelt werden, welche also durch dieses Ausmerzen nur um so prägnanter zur Geltung kommen; Bahnsen dagegen zeigt mit seinem Ausspruch, dass er wie manch' anderer Sonderling seine Vorzüge in seinen subjectiven Schnörkeln erblickt.

Was nun die zwei neuen Schopenhaueriancr, Mainländer und Hellenbach betrifft, so sind auch sie nur insofern Jünger Schopenhauer's, als sie von ihm ihren Ausgang nahmen; im Fortgang ihrer Denkerthätigkeit gelangen sie aber zu weit abliegenden Resultaten, wobei das Hauptgewicht des Interesses auf den, den Tendenzen unserer Zeit entgegenstehenden Individualismus fällt, auf dessen ungenügende Qualification zur begrifflichen Erfassung und gedankenbildlichen Reconstruction der Welt hinzuweisen, das Ziel unserer kritischen Betrachtung ist. Indem der eine — Mainländer — ausserdem zu einem der modernen Denkens- und Fühlweise widerstrebenden ethischen Postulate gelangt, welches wiederholt von mehr feurigen als klugen Vertheidigern des Optimismus als die Consequenz des Pessimismus im Allgemeinen und desjenigen Hartmann's im besondern bezeichnet wurde, ergibt sich aus der Fassung, in der hier diese Consequenz wirklich gezogen wird, eine Befreiung des Pessimismus von dieser Anklage, indem recht augenfällig wird, wie ganz anders die Quelle sein muss, der so trübe Fluth entquellen kann.

B. Hellenbach dagegen verdient ganz besonders die allgemeine Aufmerksamkeit durch die auf seine naturphilosophischen Theorien gestützten social-ökonomischen Vorschläge und Pläne; ferner durch den mit Scharfsinn, Muth und anerkennungswerther Vorsicht gemachten Versuch, den Spiritismus, der durch die Hineinziehung in die Wissenschaft durch Prof. Zöllner kürzlich einiges Relief erhalten, für die Philosophie als Material der Induction nutzbar zu machen. Da man heutzutage bei der Mehrzahl der Gebildeten die Kenntniss der Schopenhauer'schen Philosophie, wenigstens in deren Grundzügen voraussetzen darf, so gehen wir auf die Momente des Anschlusses und die an die Abbiegungen anknüpfende Polemik nicht näher ein, als absolut nöthig ist, um die neuen Positionen deutlich zu kennzeichnen.

Wenn aber in Folge der Absonderlichkeiten Mainländer's einer unserer Leser die Frage aufwerfen sollte, wozu dergleichen auf secundären Wegen einem „weiteren Publikum" vorgeführt werde, so erwiedern wir darauf, dass auch die wunderlichsten Auswüchse aus Keimen, die in der Philosophie Schopenhauer's liegen, als wilde Schosse hervorgesprosset sind.

I.
Mainländer's Philosophie der Erlösung.

A.

Die Erkenntnisstheorie ist Fundament jeder Philosophie; sie bildet auch die Hauptpforte, durch die ein Jeder, der in die Hallen der „Weltweisheit" eingehen möchte, seinen Einzug halten sollte. Wir betrachten daher zuerst den Standpunkt den unsere Individualisten bezüglich derselben einnehmen, und finden, dass beide denjenigen Schopenhauer's verlassen haben. Beide bekennen sich zu einem transcendentalen Realismus, und zwar Mainländer in noch entschiedenerem Sinne, als Hellenbach. Mainländer zwar nennt seinen Standpunkt den „echten transcendentalen, kritischen Idealismus"; doch ist diese Benennung für denselben irreleitend, da er nur gegenüber dem naiven Realismus und Materialismus begriffsabgrenzend ist, nicht aber die Kluft bezeichnet, die ihn von Kant's und Schopenhauer's subjectivem Idealismus abtrennt. Mainländer gibt uns im ersten Theile seines Werkes eine vollständige, wenn auch knapp geformte Erkenntnisstheorie, die wir unbeschadet der nöthigen Gedrängtheit so viel als möglich in seinen eigenen Worten skizziren werden.

* * *

Ein vor mir stehender Baum wirft die ihn treffenden Lichtstrahlen zurück. Einige derselben fallen auf mein Auge und machen auf der Retina einen Eindruck. Geschähe nichts weiters, so würde ich keinen Baum sehen; aber das Gehirn reagirt auf den Eindruck, der **Verstand** tritt in Thätigkeit, er **sucht die Ursache der Veränderung im Sinnesorgan**, und dieser Uebergang von der Wirkung zur Ursache ist seine alleinige Function: ist das **Causalitätsgesetz**. Es ist die erste Bedingung der Möglichkeit der Vorstellung und liegt deshalb a priori in uns. So gewiss aber das Causalitätsgesetz vor aller Erfahrung in uns liegt, so gewiss ist auch die vom Subject unabhängige Existenz von Dingen an sich, deren **Wirksamkeit** den Verstand **aller erst in Function** setzt.

Der Verstand giesst die Ursache der Eindrücke in ebenfalls apriorische Formen; es sind solcher Formen zwei:

1. **Der Raum**; als apriorische Form ist der Raum als **Punkt** zu denken, welcher die Fähigkeit des Subjectes repräsentirt, die wirkenden Dinge nach drei Richtungen hin zu begrenzen. Dieser apriorischen Form unseres Erkenntnissvermögens entspricht am Ding an sich eine vom Subject total unabhängige **Wirksamkeitssphäre**; diese wird nicht vom Raum bestimmt, sondern sie sollicitirt den Raum, sie genau da zu begrenzen, wo sie aufhört.

2. **Die Materie**; ebenfalls unter dem Bilde eines Punktes zu denken, und die Fähigkeit jede specielle Wirksamkeit der Dinge an sich innerhalb der vom Raum gezeichneten Gestalt getreu zu objectiviren. Der Materie als Verstandesform steht unabhängig die Summe der Wirksamkeiten eines Dinges an sich das heisst: die **Kraft** gegenüber.

Die so objectivirten Sinneseindrücke sind keine ganzen, sondern Theilvorstellungen; um erstere hervorzubringen, kommt die Vernunft in Thätigkeit. Sie hat eine Function:

die Synthesis, und eine Form: die Gegenwart. Ihre drei Hilfsvermögen sind: Gedächtniss, Urtheilskraft und Einbildungskraft. Die Synthesis fällt nie aus, nicht einmal beim Betrachten eines Stecknadelkopfes. Sie ist apriorische Form und es entspricht ihr am Ding an sich die Einheit, welche sie zwingt in bestimmter Weise zu verbinden. Mit dieser Synthese ist aber das Denken noch nicht in die Vorstellung hereingebracht; erst die so gebundenen Objecte werden unter sich von der Urtheilskraft zu Begriffen verarbeitet.

Auf Grund der apriorischen Formen und Functionen entstehen die aposterioren Verbindungen: 1. Zeit. Jedes Bewusstseinsmoment schwebt auf dem Punkt der Gegenwart auf Kosten des vorhergehenden Momentes. Indem die Vernunft dieses Vorganges bewusst wird, entsteht eine continuirliche Linie, an welcher sie den durchlaufenen Weg abmisst, und so die Vergangenheit, wie, indem sie der Bewegung vorauseilt, die Zukunft gewinnt. Der Gegenwart entspricht der Punkt der Bewegung. Die Zeit ist die ideale Succession, ihr entspricht die reale Succession des in rastloser Bewegung seienden Dings an sich. 2. Auf Grund des Causalitätsgesetzes gelangt die Vernunft zur allgemeinen Causalität. Zuerst erkennt sie ihre Function selbst, dann die folgenden Verhältnisse: dass jede Veränderung in den Sinnesorganen eine Ursache haben muss; dass das Ding an sich also auf das Subject wirkt. Indem sie das Subject zu einem Object stempelt, schliesst sie: es wirkt Object auf Object; der vierten subjectiven Verknüpfung der Wechselwirkung entspricht auf realem Gebiet der reale dynamische Zusammenhang des Weltalls.

Endlich stellt die Vernunft den mathematischen Raum her, indem sie den Punkt-Raum auseinander treten lässt, und dann beliebige reine Räumlichkeiten zu einem Ganzen von unbestimmter Ausdehnung verbindet. Diese Verbindung hat kein reales Correlat.

* * *

Mainländer hat Recht: wenn es möglich sein soll, aus unserer Welt als Vorstellung zu den Dingen an sich zu gelangen, so muss es vermittelst des Causalitätsgesetzes sein; dies ist der Lebensfaden, an dem unsere Erkenntniss hängt. Ob aber dieser Faden ein haltbarer, oder nur ein fliegendes Spinnenweb ist, das zu ergründen ist Aufgabe der erkenntnisstheoretischen Untersuchungen. Mainländer's Analytik ist eine anerkennungswerth saubere Analysirung der Vorgänge beim sogenannten „Erkennen". Sie ist ein Credo des Realismus, nicht dessen Begründung. Sie setzt ganz einfach voraus, dass die Einwirkung von aussen kommen müsse; ganz wie der naïve Realismus beginnt sie mit „dem Baum da draussen", während es gerade die Aufgabe der Erkenntnisstheorie ist, zu zeigen, dass ein Baum da draussen stehen müsse. Unmittelbar ist gar nichts gegeben, als die Gewissheit, dass eine unserer Willkür entzogene Bewegung im Sinnesorgan stattfindet; ob diese aber von einer ausser dem Subject liegenden Kraft herrühre, oder aus den unbewussten Tiefen der Seele stamme, ist absolut nicht festzustellen. Nur das ist über allem Zweifel, dass die Einwirkung eine transcendente und nicht immanente ist, d. h. dass nicht eine Vorstellung die Ursache der Andern bei den Sinneswahrnehmungen ist;*) ob aber das Transcendente blos bewusstseinstranscendent, dabei aber der Psyche immanent, oder auch dem Subject transcendent sei, das ist nicht über die Wahrscheinlichkeit zu erheben.

---

*) Von E. von Hartmann sehr schön nachgewiesen in „Grundlegung des transcendentalen Realismus". Abschn. V. Transcendente und immanente Causalität.

Mainländer macht es sich zu bequem, wenn er in der Polemik gegen Schopenhauer (pag. 439) sagt: „Kann diese Ursache (der Veränderung im Sinnesorgane) wie die Veränderung im Subject liegen? Nein! sie muss ausser ihm sein. Nur durch ein Wunder könnte sie im Subject sein: denn es findet unzweifelhaft eine Nöthigung statt, z. B. einen Gegenstand zu sehen. Sollte sie trotzdem im Subject liegen, so bliebe eben nichts anderes übrig, als eine einzige intelligible Ursache anzunehmen, die mit unsichtbarer Hand in meinem Sinnesorgan Veränderungen anbringt, d. h. wir haben den Berkeley'schen Idealismus, das Grab aller Philosophie."

Das ist doch keine Begründung! Ein „Wunder" ist nur ein ausnahmsweiser, willkürlicher Eingriff eines metaphysischen Wesens in eine gegebene Weltordnung — gleichviel welche —; nicht aber wäre eine Weltordnung desswegen ein „Wunder", weil wir deren Beschaffenheit, die in ihr wirkende „$μηχανή$" nicht begreifen könnten. Die Philosophie ist in erster Linie das Bemühen, die Welt zu denken, sie und unser eigen Wesen zu begreifen; nur weil dies tiefste Bedürfniss bei realistischen Voraussetzungen eine Befriedigung findet, bei idealistischen aber uns die Welt unfassbar bleibt, steht der transcendentale Realismus höher, als der Idealismus, welcher uns, indem er die wichtigste Function des Verstandes — das Causalitätsgesetz — zum Werkzeug einer lügenden Natur herabsetzt, damit zugleich die Vernunft und die logischen Denkgesetze in Frage stellt, da die Vernunftsschlüsse und die primären Functionen nur die beiden Pole des zur Hälfte in's Meer der unbewussten Psyche getauchten Geistes sind.

Bezüglich der Causalität bei Schopenhauer meint Mainländer, dieselbe sei ihm „das Mädchen für Alles" gewesen. Nur als Weg, um zum Ding an sich zu gelangen — welches Kant sich erschlichen hätte — benützte er sie nicht, weil er glaubte, einen sicheren Weg gefunden zu haben. Schopenhauer glaubte das Ding an sich, als Wille, unmittelbar im Selbstbewusstwerden erfassen zu können. Es ist interessant, dass Mainländer, der die Brücke des Causalitätsgesetzes so zuversichtlich beschreitet, Schopenhauer's Sprung in die transcendente Welt vollkommen billigt und getrost mitspringt, sich so des Luxuses zweier Communicationswege erfreuend. Er geht aber auch weiter als Schopenhauer, eben auf Grund seiner anderweitig gewonnenen transcendenten Realität; wenn dieser meint: er erkenne den Willen nicht als ein Ganzes, nicht als Einheit, nicht vollkommen seinem Wesen nach, sondern allein in seinen Acten, also in der Zeit, *) so ist dies Mainländer zu enge. Er sagt: „ich stelle mich auf den ganz positiven Standpunkt, dass wir das Ding an sich auf dem innern Wege vollständig und unverhüllt erkennen. Es ist Wille zum Leben. Ich will das Leben schlechthin. Ich will das Leben in jeder Gegenwart und mein ganzes Leben ist nur die Addition dieser (Gegenwarts-) Punkte." Mainländer übersieht also vollständig, dass wir uns unmittelbar nur in der primitiven Empfindung, durchaus nicht im Willen besitzen; dass wir uns nur als Ich des Selbstbewusstseins, nur als Vorstellung unter Vorstellungen besitzen, also durchaus nicht „unter ausgehängtem Verstande", **) wie er meint. Wenn er daher sagt, Schopenhauer's Declaration des Willens als Ding an sich sei desshalb nichts mehr, als „ein glänzendes, geniales Aperçu", weil er diesen im Innern erfassten Willen blos von den Formen des Raumes und der Causalität, nicht aber auch von der Zeitlichkeit befreit erachte, so ist dem nicht beizustimmen, sondern im Gegentheil bei jenen — citirten — Worten Schopenhauer's

---

*) W. als W. u. V. I. p. 121.
**) Pag. 466. Phil. d. Erl.

anzuerkennen, dass die Wahrheit bei ihnen wenigstens zum Anklingen kommt.

Es möchte hier der Platz sein für die Rechtfertigung, dass wir Mainländer's Standpunkt, den er Idealismus nennt, als transcendentalen Realismus bezeichnen. Er operirt mit zwei Reihen; der apriorischen Form der räumlich-discreten Anschauung entspricht am Ding an sich die Wirksamkeitssphäre; dem Punkt Gegenwart der Empfindung und der aus dieser producirten Synthese Zeit entspricht der Punkt der Bewegung und die reale Succession. Da wir uns nun Bewegung und Succession durchaus nicht anders zu denken vermögen, als vermittelst der Zeit — nota bene: nicht in der Zeit, sondern Zeit setzend — sowie getrennte Wirksamkeitssphären auch nicht anders fassen können, als wenn wir an den idealen Inhalt einer Bewegung (d. h. dasjenige, wodurch Bewegungscomplex *a* sich vom Bewegungscomplex *b* als verschieden erweist) eine Ortsbestimmung eingeschlossen denken, diese aber auf der Raumvorstellung basirt, so kommt es auf's Gleiche heraus, ob wir von räumlichem Sein oder von Wirksamkeitssphäre, von Zeitfolge oder realer Succession reden. Die Vorstellungen, welche alle Begriffe, auch die abstractesten, wenn sie wirklich noch solche und nicht nur taube Nüsse von Worten sind, begleiten, sind für Mainländer und die Transcendental-Realisten dieselben. Der Transcendental-Realist weiss ebenfalls den specifischen Unterschied zwischen Setzen der Zeit und auf Grund der Bewegungsempfindung vorgestellter Zeit, zwischen Wirksamkeitssphäre und durch diese causal bestimmte Raumvorstellung. Der Unterschied zwischen real und ideal ist aber nicht der absolute Gegensatz, wie ihn Mainländer, der das Ideale einzig nur im menschlichen Geiste anerkennt, meint; sondern nur so, dass im Punkt der Bewegung und in der Succession das Ideale im Realen enthalten (sein Prius) ist, in der Zeit- und Raumvorstellung aber das Ideale gleichzeitig aus dem Realen spriesst und auf ihm fusst. Wesentlich originell in Mainländer's Erkenntnisstheorie ist nur die Materie als Verstandesform, worauf er dann auch das Hauptgewicht legt. Er kritisirt Schopenhauer scharf wegen der unsicheren Stellung, die bei ihm die Materie einnimmt; er nennt sie „das Philosophen-Kreuz", an dem er sein Lebenlang getragen hätte. Bekanntlich bezeichnet Schopenhauer die Materie an mehreren Stellen in Uebereinstimmung mit Kant*) als Product unserer Sinnlichkeit, als die dem Ding an sich correspondirende Vorstellung; dann aber auch: Product aus Raum und Zeit; die Vereinigung beider; Verbindung von Raum und Causalität; angeschaute Causalität. Ferner soll zwar die Materie blosse Vorstellung des Erkennenden, und doch das Erkennende Product der Materie sein;**) endlich wird sie sogar „ein Absolutum" genannt, „unabhängig und quod per se est et per se conciptur".***) Gewiss ist dies eine bedauerliche Verwirrung in der Bestimmung der Materie; dennoch ist es mehr ein Mangel im Ausdruck, als ein Irrthum in der Auffassung. Hält man daran fest, dass die Materie der subjective Vorstellungsrepräsentant des activen Willens, rein als solchen (d. h. ohne dessen idieelle Bestimmungen, welche dessen Qualität in der Vorstellung correlat sind), schlechthin der immanente Repräsentant der transcendenten Realität ist, so werden auch die letzten fatalsten Stellen zu blossen formellen, nicht aber materialen Widersprüchen, da eben für Schopenhauer mit dem Willen zum Leben auch das anschauende Subject und mit

---

*) Kant, K. d. r. V. I. Aufl. pp. 685. 686. 689.
**) W. a. W. u. V. I. 10, 12; II. 351, 53; I. 351. — 4. W d. z. G. p. 28, 47.
***) W. a. W. u. V. I. 574.

diesem die Materie gesetzt ist. Ueber die immanente Genesis der Materie tappt Schopenhauer allerdings im dunkeln, und dies ist gerade wo Mainländer glaubt, eine wesentlich neue Erkenntniss in die Philosophie eingeführt zu haben. Der Nachweis, dass die Materie eine Verstandesform sei, scheint uns aber nicht überzeugend erbracht. Er sagt: selbst angenommen dass Farben oder Qualitäten, wie weich und hart, rauh und glatt u. s. w., oder Geschmäcke und Gerüche auf verschiedene Menschen ganz verschieden wirkten, immer wirkten sie irgendwie: dass ich überhaupt einen Gegenstand so oder so finden könne, das beruhe auf der Verstandesform Materie, ohne welche der bestimmte (specifische) Eindruck im Sinne niemals auf das Object übertragen werden könnte. — Ob wir etwas so oder so empfinden, ob wir es ganz verschieden von Andern empfinden, immer empfinden wir es qualitativ-specifisch; nie haben wir eine Empfindung, die nicht eine „solche" Empfindung wäre. Dass wir diese specifische Empfindung auf das Object beziehen können, dazu genügt Raum und Causalität als Form und Function a priori, und Materie ist ein Product der Synthese auf Grund dieser ersteren in Verbindung mit der Zeit, sowie — nicht zu vergessen — specifischer Elementarempfindungen, die ihrer Möglichkeit nach ebenfalls apriorische Formen unserer Sinnlichkeit sind, was Mainländer übersieht. —

. Wir wenden uns noch einmal zurück und sehen, wie sich auf dieser Grundlage für Mainländer die Erfahrung gestaltet. Das Ding an sich wirkt, ist also Kraft, diese entschleiert sich uns im Innern, wo wir im Gefühl mitten im Ding an sich sind, als Wille.

Die allgemeine Causalität führt uns nicht in die Vergangenheit eines Dinges, gibt uns nie die Ursache eines solchen, sie führt uns immer von einem Ding ab auf ein anderes; sie zeigt uns nur das dasselbe umspinnende Netz des Aufeinanderwirkens. Nur vermittelst der Zeit gelangen wir in die Vergangenheit; wir haben also nur genetische, nicht Causalitäts-Reihen. Am Ende aller dieser Reihen finden wir die einfachen chemischen Kräfte, aus denen alle Dinge bestehen, die also zusammengesetzte sind. Ob solcher elementarer Kräfte 1000 sind, oder ob es der Naturwissenschaft gelingt, die Zahl auf 3 oder 4 zu reduciren, ist gleichgültig, wir kommen im immanenten Gebiete doch nicht über die Vielheit hinaus. Die Kräfte sind theilbar, so lehrt die Erfahrung, aber sie sind keine Aggregate, da deren Theile erst durch die Theilung entstehen.

Die Vernunft missbraucht ihre Fähigkeit räumlich anzuschauen, wenn sie den Raum-Punkt, dessen Bestimmung die Begrenzung der Kraft ist, in Infinitum auseinander treten lässt; ebenso wenn sie ihn am Zurücktreten in den Nullpunkt verhindert, und so das „unendlich Kleine" producirt, welches zur Annahme des Atoms zwingt und den Verstand in Widerspruch mit sich selbst setzt. Die Vernunft lässt sich nicht abhalten auf eine einfache Einheit hinzustreben, da alle Kräfte im Grunde, als solche wesengleich sind, unbeschadet ihrer qualitativen Verschiedenheit. Es bleibt daher nur ein Ausweg: in der Vergangenheit lässt man die einfachen Kräfte auf transcendentem Gebiete zusammenschiessen. Dieses Gebiet ist aber vergangen. Mit der Vorschmelzung zur Einheit ist auch die Kraft verloren; diese hat nur eine immanente Gültigkeit.*)

---

*) Mainländer gebraucht auch im Abschn. „Analytik" „immanent" und „transcendent" immer im metaphysischen oder naturphilosophischen Sinne, nicht im erkenntnisstheoretischen. Es ist also unter „immanentem Gebiet" die dem Bewusstseinsubject transcendente Welt der Dinge an sich, unter „transcendentem Gebiet" nicht die Dinge an sich, als objective Erscheinung (Phänomen), sondern das diesen subsistirende Absolute gemeint.

Wir können uns die vorweltliche Einheit weder vorstellen noch begreiflich machen, da unsere Sinne nur auf Kräfte reagiren. Da alle Kräfte endlich sind, so muss auch die Welt als deren Summe endlich sein und ebenso auch zeitlich endlich; sie hatte einen Anfang, — ob sie auch ein Ende hat, hängt davon ab, ob die Kräfte zerstörbar sind; die Entscheidung gehört in die Metaphysik.

Wie mit dem Raum so treibt die Vernunft mit der Zeit, die ohne die reale Succession nichts ist, Missbrauch, wenn sie die endlose Kette „Ewigkeit" vor oder hinter der Welt bildet.

B.

Ueber die Art, wie der Wille, das Wesen der Welt in dieser existent wird, sind bekanntlich die Aussagen Schopenhauer's · so schwankend, dass solche Aussprüche, losgelöst vom Zusammenhang, zu Ausgangspunkten für drei verschiedene Anschauungen der empirischen Welt gemacht werden können.

Nach der einen Auffassung ist es der eine ungetheilte Wille, der jedem einzelnen empirischen Ding voll und ganz correlat ist; d. h. das einzelne „dieses" ist nur subjective Erscheinung des einen All-Willens; seine Concretheit in Raum und Zeit ist ganz Product des anschauenden Subjectes; es gibt nur Ein Ding an sich, die Vielheit ist nur „Schleier der Maja". Dies ist die consequente Anwendung der idealistischen Erkenntnisstheorie auf die Naturphilosophie.

Eine Modification und einen Uebergang zur nächstfolgenden Auffassung bildet diejenige, wonach der Gattung eine relative Realität zukommen soll.

Nach der zweiten Auffassung fluthet der eine Wille als zahllose einzelne, unter sich in Relation tretende, sich ewig kreuzende Willensacte aus- und in-sich zurück; welche Willensacte so die „Dinge an sich" der Erscheinungen, die Welt an sich als Correlat der Welt als Vorstellung bilden. Dieser Auffassung gehört auch die Welt der platonischen Ideen an, durch welche Letzteren (die Ideen als *realia ante rem*, im Gegensatz zu den Begriffen als *realia post rem*) erst die inhaltliche Verschiedenheit der einzelnen Willensacte begreiflich wird. Dies ist die Consequenz des Willensrealismus; der Monismus bleibt gewahrt.

Nach der dritten Version endlich, die besonders in der Ethik zur Rettung der transcendentalen Freiheit und der Möglichkeit der individuellen Willensverneinung hervortritt, erscheint der Wille selbst gespalten in die Vielheit der einzelnen, ihre Existenz selbst bestimmenden Charakter-Monaden. An diese dritte Auffassung, welche zum 1. und 2. Buch der W. a. W. u. V. in Widerspruch steht, knüpfen die Vertreter des Individualismus an: Bahnsen, der noch die Einheit des Urgrundes, und die ewige hoffnungslose Sehnsucht nach Vereinigung hervorhebt; Mainländer, der den Monismus selbst als blossen Hintergrund verwirft, und in der Zersplitterung sein Heil sieht, und Hellenbach, dessen „gesunder Menschenverstand" sich indifferent gegen das mögliche Sein oder Nichtsein einer Einheit verhält.

Der bisherige Individualismus nimmt seinen Ausgang von der Empfindung seiner selbst, als einer Einheit, Abgeschlossenheit und eines zwecksetzenden Centrums. Das Leben wird ihm schwer gemacht durch die Naturwissenschaft, welche jedes höhere Individuum als ein Zusammengesetztes aus Theilen aufzeigt, die alle wieder mit mehr oder minderer Prägnanz dem Begriff des Individuums entsprechen.

Da es im Wesen der Selbstempfindung liegt, dass sie sich nur räumlich begrenzt, die zeitliche Begrenzung aber, weil immer in jedem Moment der Gegenwart werdend, negirt, so behauptet der Individualismus die Dauer des Wesenkernes des Individuums über die Lebensdauer des einzelnen Bionten heraus; sei ihm dies nun ethisches oder eudämonologisches Postulat, sei es lediglich als vermeintliche Consequenz der Willensnatur des Wesenkerns. So lange Naturwissenschaft und Philosophie einen Dualismus von Materie und Geist duldeten, war die gute Zeit für den Individualismus. Das eigentliche Individuum war die „Seele", ein einfaches Reales, zu dem sich die körperliche im Wechsel immer werdende und vergehende Hülle nur als ein relativ Gleichgiltiges verhielt. Dieser Dualismus ist unmöglich geworden.

Monistische Philosophie und moderne Naturwissenschaft gehen darin Hand in Hand, dass ihnen das Individuum des Selbstbewustseins ein durchaus Relatives ist; das Product der sich wie in einem Brennpunkt sammelnden und sich in sich selbst reflectirenden Thätigkeit eines Allsciendcn, das in rein phänomenaler Weise seine Wesenheit nur in dem nicht mehr Individualisirten besitzt und eben so wird und vergeht, wie die Kräftesummation, deren Repräsentant für die Wahrnehmung es ist.

Sehen wir nun zu, ob es unsern Schopenhauerianern gelingt, die Individualität in das Wesen der Dinge selbst zu verlegen, glücklich durchzuschiffen zwischen der Scylla der Realität des Begriffes Individuum und der Charybdis, welche das Wesen der Zeugung in Verbindung mit der geforderten Fortdauer des Individuums bildet.

* * *

Nach Mainländer ist die Welt eine Summe realer elementarer Individuen; deren Natur ist Wille, Wille zum Leben. Wille ist Bewegung, und Bewegung und Leben sind Wechselbegriffe. Hat der Wille eine ungetheilte Bewegung, so ist er als Object ein unorganisches Individuum;

dieses ist nur „Trieb", „innere Bewegung". Spaltet sich der Wille, so ist er Organismus; die Organismen unterscheiden sich in pflanzliche und thierische, indem bei den ersteren die Bewegung nur Irritabilität auf äussere Reize ist, bei den letzteren die Bewegung in ein „lenkendes und gelenktes" (Sensibilität) zerfällt. Die Sensibilität ist der Geist; je dominirender dieser Theil des Willens gegenüber dem anderen Willensstrome — dem „Dämon" — ist, um so höher steht das Individuum in der Entwicklungsreihe. Der Geist der also nur, wie sämmtliche chemische und physikalische Kräfte, eine besondere Bewegungsweise des Willens ist, tritt zum Rest des Willens beim Thier in ein zweifaches, beim Menschen in ein dreifaches Verhältniss: erstlich lenkt er, d. h. er gibt verschiedene Richtungen an; dann kettet er an den Willen das Gefühl; endlich gibt „der Lenker" im Menschen die Fähigkeit, in sein inneres Wesen zu blicken. Zum primären Wesen des Willens gehört nur Bewegung schlechthin; Vorstellung, Gefühl und Selbstbewusstsein sind nur Resultat der „gespaltenen Bewegung", d. h. des aus dieser resultirenden Conflictes. Das „Wie" der Bewegung eines Willens-Individuums ist sein Charakter; diese Art der Bewegung, soweit sie materiell wahrnehmbar wird, heisst aber auch „Idee"; es gibt so viele Ideen als Individuen.

Der Mensch ist also ein Doppelstrom von Wille: der eine Strom bewegt sich einfach, blind; als Object für's Subject ist er der Leib; der andere producirt den Geist. Dem ersten entstammen die Handlungen des Instinctes und der Leidenschaft, der letztere motivirt durch die Erkenntniss das vernünftige bewusste Handeln.

Das Selbstbewusstsein, die directe Weise, um das Individuum als concrete Einheit in der vieltheiligen Welt zu erkennen, sagt nichts aus über die Entstehung desselben; hiezu muss der Umweg durch die Vorstellung gemacht werden.

Das einfache Individuum ist der Elementarstoff. Wir haben in der Analytik gesehen, dass Mainländer das Atom verwirft. Die Individualität im anorganischen Reich ist ihm die „ganze Idee"; da jedoch jeder Theil dasselbe Wesen hat wie das Ganze, so ist jede geschlossene Sphäre einer chemischen Kraft, welche einfach in der Natur gefunden wird, ein Individuum. (Beispiel: alles Eisen in der Welt ist ein Individuum, und jedes Partikelchen Eisen ist ebenfalls ein Individuum.) Verbinden sich zwei Ideen chemisch, so entsteht eine neue Idee und also ein neues Individuum; ebenso sind die organischen Verbindungen selbstständige Ideen, z. B. Aethil ($C4\ H5 = Ae$), Aethiloxid ($AeO = SO_3$) u. s. w. Der chemischen Verbindung ist analog die Zeugung. Im Erzeugten leben beide Individuen fort, aber gebunden, so dass dieses ganz andere Eigenschaften zeigt; ebenso kann man von Leben und Tod der Anorganien sprechen, wenn man bloss die Verbindungen, deren Bestehen und Lösen in's Auge fasst. Der Mensch ist ebenfalls nur eine chemische Verbindung, nur von complicirterer Bewegung.

Begatten sich ein Mann und ein Weib, jedes mit einem ganz bestimmten Charakter und Geiste, so entsteht ein oder mehrere Individuen mit der Anlage zu bestimmtem Charakter und Geiste, welche „nichts anderes sind als eine Verjüngung der Eltern, eine Weiterbildung, eine neue Bewegung derselben". Stirbt ein Organismus, so ist die Idee zerstört, hat aber vorher das Individuum sich durch die Zeugung verjüngt, so lebt es fort in den Kindern. Was vom Verstorbenen ausserdem noch übrig bleibt, sind die vielen einzelnen chemischen Individuen. So — meint Mainländer — antwortet die befragte Natur, und diese Antwort befriedigt ebenso den, der das Leben bejaht, wie den die Werthlosigkeit des Lebens erkennenden Philosophen, dem damit zugleich der Weg aus demselben nachgewiesen werde.

Indem bei jedem Tode, welchem Fortpflanzung vorangegangen ist, das Individuum gleichzeitig fortlebt und stirbt, dieses aber nach beiden Richtungen nur partiell zu verstehen ist, so werden die Individuen immer schwächer, und wird für das Ganze diese Schwächung nicht aufgehoben durch die wachsende Zahl der Individuen, da zur ursprünglichen Kraftsumme nichts hinzukömmt, wohl aber bei jedem Tode ohne Nachkommen Individuen zu nichts werden.

Für Mainländer zeigt also die Welt eine Doppelbewegung: sie ist Entwickelung, sofern es die Formen betrifft; sie ist aber auch Erschöpfung des Willens durch Zersplitterung und Selbstaufreibung. Damit sind die Hauptpunkte seines Credos, des Individualismus, gegeben.

* * *

Betrachten wir durch die Brille desselben irgend einen Organismus, so drängt sich jedem Unbefangenen die Einsicht auf, dass nach dieser Auffassung dem Individuum in keinem höheren Grade Wesenheit zukommt, als nach demjenigen des atomistisch-mechanischen Naturalismus.

Das der Zeugung Vorhergehende und den Tod Ueberdauernde sind nur die Elementarstoffe; dadurch, dass er mit Verläugnung aller Biologie es sich so bequem macht, selbst das höchste organische Individuum, den Menschen, als chemische Verbindung zu declariren, das zahllose Nebeneinander der verschiedenen Verbindungen ebenso, wie die mehrgliederige Ineinanderschachtelung der untergeordneten Individuen innerhalb des einen Person-Individuums (Zelle, Organ, Organsystem) einfach ignorirend, kann er doch nicht verhindern, dass letzteres, als bestimmtes „dieses" doch nur, als ein Gewordenes und Vergehendes erscheint. Dass Mainländer die Elemente, als Ganzes ein

Individuum nennt, das sich aber vervielfältigen kann, entgegen der Naturwissenschaft, welcher die Molekule die elementaren Individuen sind, ändert auch dann nichts an der Sache, wenn er zur Verwerfung der Molekule und letzten Endes der Atome berechtigt wäre, wie er es nicht ist.

Weder dass chemische Molekul noch das Atom sind Ausgeburten der „perversen Vernunft", sondern nicht zu missende Hypothesen der Chemie und Physik. Wäre jeder chemische Stoff, unabhängig von quantitativen Bestimmungen ein Individuum, so wäre es nicht abzusehen, warum (z. Beispiel) nicht jedes beliebige Quantum Wasserstoff mit jedem beliebigen Quantum Sauerstoff ohne Rest Wasser geben sollte; die polymeren und polymorphen Verbindungen wären ferner undurchdringliche Räthsel.

Nach der naturalistischen wie nach Mainländer's Auffassung ist das höhere Individuum ein Centrum, wo verschiedene Kräfte aufeinandergestossen und von wo aus sie nach gegenseitiger Beeinflussung als eine zusammengeflossene Kraft einheitlich wirken. Löst sich die Verbindung durch Störung des Gleichgewichtes der Kräfte, so vergeht im Tode nur, was ein Gewordenes war, die Elemente aber bleiben ganz und gar was sie waren, sind nicht kraftvoller, nicht schwächer; es ist durch den Tod nichts zu vernichten, weil ja gar kein Plus über die chemischen Kräfte da war. Denn „höhere Idee" ist das Individuum ja nur für das reflectirende Subject; an sich ist es nur Mischbewegung, also nichts höheres, sondern nur etwas complicirteres. Die Lösung der Complication hinterlässt die Bestandtheile im vorhergehenden Stande. Da Mainländer kein absolutes Subject hat, in welchem die Ideen das Prius der realen Bewegungsmodi sind, und in dem sich die Synthesen vollziehen, welche die transcendenten Correlate der höheren Individuen sind, und in deren ausserzeitlichen Conservirung

ihnen eine die Oscillationen des Werdens und Sterbens
überragende Dauer gesichert wäre, so unterscheiden sich
die Letzteren durchaus nicht vor den Individuen der Naturwissenschaft. Das meint denn auch Hellenbach, wenn
er gelegentlich bemerkt, die Mainländer'sche Auffassung
unterscheide sich nicht von der des Materialismus. Für
Mainländer ist die Materie aber nur, wie für Hellenbach, Anschauung des Willens, so dass der Einwurf
formal mangelhaft erscheint, und in dieser Form von
Mainländer zum Voraus abgewiesen wird.

Das Individuum der inneren Wahrnehmung ist Einheit der Empfindung, beim Menschen Einheit des Selbstbewusstseins; für dieses kann keine Combinationsbewegung
ausreichen. Der influxus physicus, den Mainländer dadurch
gesichert erachtet, dass seine primären, der Zertheilung
und Copulation fähigen Individuen Splitter der vorweltlichen Einheit sind, reichte nur aus, das Aufeinanderwirken,
die Modificationsmöglichkeit jedes Centrums, durch jedes
andere zu erklären, nicht aber die über der beständigen
Grenzdurchbrechung der sinnlichen Wahrnehmung und des
Stoffwechsels schwebende Bewusstseinseinheit zu ermöglichen.
Nicht die Wesensgleichheit, welche allein durch die
behauptete Abstammung von einem zersplitterten Gotte
garantirt wird, sondern die Wesenseinheit des An-sichs
aller der auf einen Punkt wirkenden, und von dort zurückgestrahlten Componenten vermag die innere Einheit
unbeschadet der Relativität der Abgeschlossenheit zu erklären. Nur wenn ein einheitlicher Willensact das Band
ist, das die sämmtlichen einzelnen Willensacte umfasst,
welche die Elemente und primären Verbindungen repräsentiren, nur dann ist jedwede Organisation gleichzeitig Ganzes,
wenn von unten, Theil, wenn von oben betrachtet. Man
kann darüber streiten, ob den zahlreichen Nervencentren
des Rückenmarkes, der medulla oblongata, des Kleinhirns

sowie der Ganglienzellen des sympathischen Nervensystemes Bewusstsein zukomme oder nicht, aber die Centrumsnatur, die seelische Innerlichkeit derselben steht fest; wäre der Monismus falsch, so wäre das Individuum, welches ich in meinem Selbstbewusstsein habe, nur der Reflex eines Grosshirn-Centrums und stünde zu allen Centren nur im Verhältniss eines Telegraphenbeamten, der die Telegramme aus allen Gegenden seines Vaterlandes empfangt. Im günstigsten Falle könnte ein Empfindungsmosaik, nie aber die erfahrungsmässige Einheitsempfindung zu Stande kommen.

Ebenso unhaltbar auf Grund der Voraussetzungen Mainländer's, ist die behauptete Fortdauer des Individuums im Erzeugten. Die Natur lehrt nur, das die Nachkommen ähnliche höchstens gleiche Individuen sind, nicht aber dasselbe. Die Behauptung, dass der Vater und seine sämmtlichen Söhne und Töchter, die Mutter mit eben denselben zahlreichen Nachkommen das gleiche Individuum sei, ist wahrlich nicht „immanente Philosophie", sondern Mystik der schlimmsten Sorte. Schopenhauer konnte sich diese mystische Ausdrucksweise allenfalls erlauben, nicht weil er Monist, sondern weil er subjectiver Idealist war, und weil bei ihm alles „Physische ein Metaphysisches" ist, (woraus ihm Mainländer, der immanente Philosoph, einen Vorwurf macht). Die Katze, die heute über den Hof schleicht, und die, die es vor hundert Jahren that, sind für Schopenhauer nur insofern ein- und dieselbe, als erstlich die Idee der Katze zeitlos wesct, als Wille immer neue Elementar-Willen in sich einschliessend und wieder loslassend, welcher oscillirenden Bewegung Werden und Sterben der Katze entspricht. Zum Anderen, weil correlat damit das „ewige Weltauge" aus jedem Subject die Idee „Katze" hinschaut, deren räumlich-zeitlich-causale Concretheit nur subjectiver Schein ist. Diesen Standpunkt aber verwirft Mainländer ja; er will ja gerade das empirische Gebiet auf Kosten des transcendenten retten, freilich nur um ihm, als dem einzigen, um so sicherer den Garaus machen zu können. Er verwirft die Ideen im Sinne Schopenhauer's. Es ist zuzugeben, dass diese eine Bresche in das geschlossene Willenssystem reissen; sie stehen im Widerspruch zum Weltprincip, welches nur Wille, blinder Wille sein soll; ebenso zum subjectiven Idealismus, indem sie sich im Sinne des transcendental-realen Objectiv-Idealismus als ein drittes zwischen das Weltding an sich und die Welt als subjective Vorstellung hineinschieben; endlich auch gegen die materialistische Seite der Schopenhauer'schen Philosophie, der zu Folge die Erkenntniss Hirnproduct ist, während doch das „ewige Weltauge" nichts secundäres sein kann.

Schopenhauer opfert auf dem Altar der Wahrheit die systematische Geschlossenheit; er wurde der Natur gerecht, indem er einen Riss in sein System machte. Durch die Ideen gewann er den Inhalt des Willens, der sonst leer und mithin unanschaubar blieb, mochte man ihm drohen, wie man wollte. Mainländer übersieht, dass der Bewegungsmodus als solcher verschieden ist von der bewegenden Kraft. Was Bewegung z von Bewegung y unterscheidet, ist nicht der Kraft-Wille, der höchstens graduelle Unterschiede zeigen kann, sondern ein von Kraft, Wille oder Bewegung durchaus Verschiedenes, — mag man dieses nun Vorstellung oder Idee nennen. Mainländer wäre umso eher dazu verpflichtet gewesen, mit dem Objectiv-Idealismus zu rechnen, als ihm die Welt als Vorstellung nicht ein — Gott weiss wie — entstandenes, vom letzten Grund losgerissenes Originalbild ist, sondern getreues Spiegelbild der Dinge an sich.

Mag das Ei und die Spermazelle noch so sehr die „Quintessenz" von Mann und Weib sein, die Quintessenz ist nicht das Individuum. Indem sie für den Bewegungsmodus der mit ihr in Contact kommenden Elementar-Willen (aus denen sich der neue Organismus auferbauen muss) massgebend wird, kann sich aus ihr ein Individuum entwickeln, welches dem elterlichen durchaus gleich ist, — dasselbe ist es nicht. Der „Bewegung" des vollentwickelten Individiuums fehlt die zeitliche Continuität; der Materie nach besteht es aus anderen Scherben der vergangenen All-Einheit; das Ich des Selbstbewusstseins aber ist erst recht ein anderes, nie dagewesenes und nie wieder kommendes Product des Momentes.

Mit dem Wegfall der individuellen Fortdauer wird die ganze Weltanschauung eine andere, und der auf sie gegründeten Ethik ist die Spitze abgebrochen.

— — — —

C.

In der Analytik ergab sich für Mainländer durch Verfolgung der Entwicklungsreihen eine vorweltliche Einheit. Da nun diese Einheit als ausdehnungslos, unterschiedlos, bewegungslos und zeitlos zu bezeichnen ist, die empirische Welt aber durchwegs Vielheit, Bewegung und Unterschiedenheit zeigt, so soll daraus „erkannt" werden, „dass diese Einheit — d. h. Gott — sich in eine Welt zersplitterte, vollständig verschwand und unterging". Ueber diese Einheit kann nichts ausgesagt werden, als dass sie „existirte" und dass deren Sein keine Aehnlichkeit mit einem uns bekannten Sein hatte.

Der Uebergang des transcendenten in das immanente Gebiet, d. h. „der Tod Gottes und die Geburt der Welt" ist eine „That", die erste und einzige der Einheit. Die That selbst steht auf immanentem Gebiet, sie ist ja die Welt der Vielheit, bei der Frage nach den Factoren dieser

That dagegen begeben wir uns auf den „uferlosen Ocean der Transcendenz".

Nur als „regulative Principien" dürfen wir einen charakterologischen Willen und ein zureichendes Motiv, welche im immanenten Gebiet stets die Factoren einer That sind, auf die That Gottes anwenden; nur zur Erklärung dürfen wir sie auffassen, „als ob" sie ein motivirter Willensact gewesen wäre. Von aussen konnte Gott nicht motivirt werden, sondern nur von innen. Hieraus soll sich mit „logischem Zwang" ergeben, dass das „liberum arbitrium indifferentiae" Gottes sich nur in einer einzigen Wahl konnte geltend machen: entweder zu sein oder nicht zu sein. „Wohl hatte es auch die Freiheit anders zu sein, aber nach allen Richtungen musste die Freiheit latent bleiben, weil wir uns kein vollkommeneres Sein denken können, als das der Einheit."

Der Einheit war nur eine einzige That möglich, sich vollständig zu vernichten; die Thatsache, dass eine Welt existirt, zeigt, dass diese That misslang. Gott war nur frei nach aussen, aber nicht nach innen nach seinem eigenen Wesen. Hienach stellt sich der Zerfall in die Vielheit dar „als die Ausführung der logischen That, des Entschlusses nicht zu sein," „die Welt ist das Mittel zum Zweck des Nichtseins", der Zermalmungsprocess des Ueberseins in's absolute Nichts.

Aus diesen speculativen Voraussetzungen ergeben sich olgende kosmogonische Anschauungen und Zukunftsperspectiven. Das anorganische Reich zeigt drei Erscheinungsformen: Gase, Flüssigkeiten und feste Körper. Das Gas hat nur ein Streben, nach allen Seiten auseinander zu treten; kann es diess, so wird es zwar nicht vernichtet, aber immer schwächer. Die Gasindividuen als feuriger Urnebel dehnten in schnellster Rotation ihre Kraftsphäre immer weiter aus, in beständigem Reibungskampfe, bis die einen so geschwächt waren, dass sie sich als Gase nicht mehr halten konnten und tropfbar flüssig wurden. In dieser Periode begann die Bildung der Erdkörper. Unser Sonnensystem war eine Gaskugel, eingehüllt in ein feuerflüssiges Meer, ähnlich einer Seifenblase. Das Gas wollte sich ausdehnen, die Flüssigkeit strebte nach dem Mittelpunkt; durch Druck und Gegendruck entstand durch weitere Schwächung der Kraft die feste Schale. Die Welt im Urzustand stellt sich unserem Denken dar, als ohnmächtige Sehnsucht nach dem Tode; in ihr, wie noch heute in jedem Gase, spiegelt sich „das transcendente Hinderniss, das Gott in seinem Wesen fand."

Das Wesen der anorganischen Individuen ist daher nicht Wille zum Leben, sondern Wille zum Tode, und das Leben nur „Erscheinung eines gehinderten Sterbens."

Ein vollkommeneres Mittel zur Abtödtung der Kraft ist das organische Reich. Die Pflanze stirbt, aber es ist nur relativer Tod, denn sie zeugt vorher. Da die Erhaltung des Lebens durch die Zeugung der „innersten Idee" der Pflanze selbst gehört, so ist das Leben in der Pflanze eine ganz andere Erscheinung, als in der chemischen Idee. Bei dieser ist Leben nur gehemmter Tod, die Pflanze will das Leben direct, weil sie den Tod nicht direct haben kann; ihr Leben ist Mittel zum absoluten Tod, das Resultat relativer Tod.

Das Thier ist Verbindung von Wille und Geist (dieser ist, wie wir wissen, nur modificirte Bewegung des gespaltenen Willens); der Geist nimmt drohende Gefahren wahr, und das Thier empfindet instinctive Todesfurcht. Diese nach den Voraussetzungen „ausserordentlich merkwürdige Erscheinung" erklärt sich dadurch, dass das thierische Leben das wirksamste Mittel im Dienste des Ganzen zur Schwächung der Kraft ist.

Was vom Thiere gilt, gilt in erster Linie auch vom Menschen. Aber indem durch weitere Spaltung des Willens die Vernunft, das Denken entsteht, steigert sich die Furcht vor dem Tode, der nur als solcher erkannt wird, und damit steigert sich die Liebe zum Leben; dieses wird nicht nur zu erhalten gesucht, sondern der Mensch sucht nach Befriedigung seiner Genusssucht. Im Menschen verliert der Wille seinen obersten Zweck „vollständig aus Sinn und Augen" und „klammert sich lediglich an das Mittel"; aber doch nur im Menschen wie er die grosse Masse ausmacht. „Vor dem Geiste des Denkers steigt strahlend und leuchtend aus den Tiefen des Herzens der reine Zweck des Daseins empor, während das Mittel ganz verschwindet." „Machtvoll lodert die Sehnsucht nach dem Tode auf, und ohne Zaudern ergreift der Wille in moralischer Begeisterung das bessere Mittel zum erkannten Zweck: die Virginität". „Ein solcher Mensch ist die einzige Idee in der Welt, welche den absoluten Tod, indem sie ihn will, auch erreichen kann;" er erreicht die volle Vernichtung des Typus. „Durch die Enthaltung vom geschlechtlichen Genusse hat er sich von der Wiedergeburt befreit."

Wer hingegen seinen Willen zum Leben wirksam bejaht hat, der findet keine Erlösung im Tode, da er schon, bevor sein Typus untergeht, seine neue, mühevolle Wanderung angetreten hat.

In der Physik wurde die Zweckmässigkeit in der Natur als Resultat der ersten Bewegung — dem Zerplatzungsmomente — dargestellt; von der metaphysischen Warte aus erscheint sie etwas modificirt, als Resultat des „Entschlusses" der vorweltlichen Einheit aus dem Uebersein in's Nichtsein zu treten. Die Weltanschauung gestaltet sich teleologisch; diess kann aber nicht offen eingestanden werden, da es Mainländer an dem Begriff des Unbewusstlogischen gebricht, als dem in den Vielen sich auswirkenden einheitlichen Princip. Er hilft sich wieder, indem er die Teleologie zum bloss regulativen Princip herabsetzt: nur für den menschlichen Geist ist es, als ob sich alles einem Ziele zweckvoll entgegen bewege, im Grunde folgt alles nur dem ersten blinden Impuls.

Da alles Geschehen die nothwendige Folge der uranfänglichen, sich selbst aufhebenden That ist, so handelt der „Heilige", der die Virginität wählt, um schneller zur Erlösung zu kommen, nicht gegen die Natur; denn, wie er für sein eigenes Interesse sorgt, handelt er im Plan der Welt, führt nur durch seinen bewussten Willen früher aus, was doch der ganzen Menschheit zu thun obliegt.

Ist die Menschheit einmal erlöst, sei es durch das grosse Opfer (wie die Indier sagen), durch allgemeine Virginität, durch Massenselbstmord in einem „wilden fanatischen Auflodern der letzten Lebenskraft", oder endlich durch Impotenz, welche für Völker und Einzelne herbeizuführen die Aufgabe der Culturentwicklung ist, so folgt zwar der Untergang der übrigen Schöpfung nicht als „Knalleffect" unmittelbar nach, aber es sind damit Veränderungen in den allgemeinen Verhältnissen eingetreten, die das Ende beschleunigen. Der Mensch wird, „wenn er sich erlöst, die höheren Thiere, besonders die Hausthiere nicht vergessen"; „die niedrigen Organismen werden durch die Veränderungen die Bedingung ihrer Existenz verlieren".

Da Alles auf Alles einwirkt, so wird das Erlöschen des organischen Lebens auf Erden auf alle Theile eine Wirkung ausüben; dabei werden die Bahnen sämmtlicher Erdkörper immer enger, bis sie endlich alle in die „echte Centralsonne" stürzen. Die Neubildungen, die aus diesen Weltbränden entstehen, dürfen uns nicht beschäftigen; „wir können uns sofort an dasjenige Glied der Entwicklungsreihe stellen, welches nur noch feste und flüssige Körper zeigt". Die Gase sind durch Schwächung dahin, „wir nehmen an, dass, was dann noch existirt, flüssig ist;" es steht dann der Erlösung der Flüssigkeiten nichts mehr im Wege. Jede hat freie Bahn, „jeder gedachte Theil geht durch den idealen Punkt, und sein Streben ist erfüllt — er ist erlöst". „Dann ist Gott thatsächlich aus dem Uebersein durch das Werden in das Nichtsein übergegangen". „Erst ging das transcendente Gebiet unter, jetzt ist" — vorläufig in Mainländer's Kopfe — „das immanente vergangen, und wir blicken je nach unserer Weltanschauung entsetzt oder tief befriedigt in das absolute Nichts, — das nihil negativum".

Wir müssen noch einen Blick auf das Schicksal und auf Mainländer's Bemühungen werfen, gleichzeitig die Einheit der Weltbewegung als Folge der Ureinheit, und andererseits die Selbstherrlichkeit des Individualwillens zu retten. Das Weltschicksal ist die „aus der continuirlichen Wirksamkeit aller Individuen sich erzeugende Bewegung". Es ist eine Macht, gegen die der Einzelne nicht aufkömmt, weil sie in sich die Wirksamkeit jedes bestimmten Einzelnen neben der aller anderen Individuen enthält. Eine andere Ansicht dagegen soll das Individualschicksal zeigen; es zeige sich als „Product zweier gleichwerthigen Factoren". des bestimmten Individuums und des Zufalls (Summe der Wirksamkeit aller Individuen); „die beschränkte, die halbe Unabhängigkeit des Individuums ist Thatsache, die nicht umgestossen werden kann". Alle Lehren, welche die „mittlere Stellung des Individuums zwischen den beiden Polen: volle Selbstherrlichkeit und totale Abhängigkeit, verschieben, besonders aber jene, welche das Individuum in einen der bezeichneten Polpunkte stellen", sind falsch. Der Pantheismus, weil er aus dem Individuum eine Marionette macht die Karma-Lehre des Buddhaismus, wonach das individuelle Schicksal ausschliesslich das Werk des Individuums ist, sie haben beide die halbe Wahrheit; der Pantheismus, sofern es eine Macht gibt, die das Individuum nicht beherrscht.

die Karma-Lehre, sofern jeder sich halb selbst bestimmt. Diese beiden halben Wahrheiten soll nunmehr die „immanente Philosophie" zur ganzen Wahrheit zusammenfassen: „Alles was ist, war in der einfachen vorweltlichen Einheit; Alles was ist, hat demnach an dem Entschlusse Gottes, nicht zu sein, theilgenommen. hat in ihm Entschluss gefasst". Der Weltprocess, der das, Gott direct Unmögliche, allmälig möglich machen soll, bestimmte die „göttliche Weisheit (wir reden immer nur bildlich), und in ihr bestimmte Alles, was ist, seinen individuellen Lebenslauf".

„So hat Buddha recht, aber nicht in, sondern vor der Welt habe ich bestimmt, was mich treffen soll; und so hat auch der Pantheismus recht, nur ist es ebenfalls nicht die Einheit in der Welt, sondern die Einheit vor derselben, welche das Einheitliche des Weltschicksales bestimmt."

Schliesslich vereinigt sich jetzt „die Freiheit mit der Nothwendigkeit". Die Welt ist der freie Act einer vorweltlichen Einheit, aber in ihr herrscht nur die Nothwendigkeit."

* * *

Das Nichts als wirkliches *nihil negativum*, als Negation der als nothwendig vorausgesetzten Positionen, ist kein Begriff, sondern nur ein Wort, eine taube Nuss. So wenig als sich das „Nichts" schlechtweg vorstellen lässt, so wenig lässt sich das absolute Nichts, als Negation des Absoluten, als wirklich begreifen. Wir können das „Nichts" denken, als Negation eines „Etwas", d. h. eines bestimmten Dinges oder einer Reihe von Solchen. Dem Absoluten gegenüber lässt sich das „Nichts" nur denken, als möglich, als wirklich aber lässt sich die Negation der absoluten Position nicht denken; denn als wirklich wäre es ja selbst Position, und Position ist seinerseits Negation des Nichts. In Beziehung auf das Absolute gibt es für uns nur ein denkbares „Nichts" oder Nicht-Sein, im Sinne von „Nicht-Activität"; denn alles Sein vom Elementaratom bis zum weltumspannenden Gedanken des Genius ist Activität, und somit ist für uns, die wir nichts kennen als das, woran wir theilhaben, Nicht-Activität gleich dem Nichts.

Damit aber etwas activ sein kann, muss etwas vorhanden sein; hört die Activität wieder auf, so bleibt das „Etwas" zurück. Mainländer kommt zu dem absurden Resultat des in die Brüche gegangenen Gottes, weil er nicht zwischen Sein und Uebersein, Existenz und Subsistenz unterscheidet. Er erkennt die Denknothwendigkeit dem empirischen Sein — der Activität — einen Zustand vorher gehen zu lassen, aber er bezeichnet diesen „vorweltlichen Zustand" wechselweise als „Uebersein" und als „Existenz". Existenz ist nicht Uebersein, sondern reales, empirisches Sein; Uebersein ist nicht Existenz, sondern Subsistenz, ist die Potentialität im Gegensatze zur Actualität. Wir können uns Potentialität denken — nicht vorstellen — ohne Actualität, aber nicht Actualität ohne Potentialität. Die Potenz konnte als solche, d. h. als reine Potenz und Subsistenz aufhören zu subsistiren, indem sie in die Actualität trat, aus der Subsistenz in die Existenz einging, aber sie konnte nicht schlichtweg aufhören zu subsistiren.

Mit dem Sein ist die Potenz — in der Existenz die Essenz — desselben gegeben; hört das Sein auf, so ist die Potenz wieder in Ruhe, und dieses Uebersein ist für uns allerdings gleich Nichts, aber es ist durchaus nicht *nihil negativum*, wie Mainländer meint. Was er ganz richtig als Essentia Gottes von der Existentia trennt, das ist eben, was in der potentiellen Position „weset" (wie Schelling sagt) und was das Absolute nie los wird. Es kann sich nun einmal nicht in die Luft sprengen, weder durch einmalige „That", noch durch den Weltprocess „Nichts" werden. Es hat nicht aufgehört, als Einheit hinter der Vielheit der Actionen zu subsistiren, und hört einmal der Weltprocess auf, so hat nichts aufgehört, als die Activität, und die Potenz ist, was sie vor der Erhebung war, die ausserzeitliche, ausserräumliche, ungetrennte Einheit. Diese Unklarheit Mainländer's in der metaphysischen Terminologie zeigt sich auch gelegentlich des *liberum arbitrium indifferentiae* Gottes. Eine Freiheit, die nach „allen anderen Seiten" latent bleiben „musste", weil sich kein besseres Sein denken liess, als das der einfachen Einheit, war ja keine Freiheit, sondern logische — oder sonst welche — Nothwendigkeit. Auch geht das echte *liberum arbitrium indifferentiae* in die Brüche, sobald als man die erste „That", die Erhebung der Potenz in die Actualität, als von der „Weisheit", überhaupt als motivirt auffasst.

Der Umschlag des Ueberseins in sein Gegentheil ist nur soweit Produkt des *liberum arbitrium indifferentiae*, d. h. des unmotivirten Willens, als es erstes blindes Aufbäumen des Willens in's Wollen ist. Das „Wie" der Existenz ist durch ein besonderes Attribut des Absoluten gegeben, da der Wille als solcher nur immer einer und derselbe, die Verschiedenheit aber immer nur seinem Inhalt, der Vorstellung zukommt. Es ist eigenthümlich, dass Mainländer, der die Nothwendigkeit erkennt, die Vorstellung im ersten Act des Absoluten mitwirkend anzunehmen, sich dieser Einsicht verschliesst, wo es sich um die individuellen Willen, die Gottesbruchstückchen handelt, und glaubt hier den „Geist" als Produkt dieser Willen darstellen zu können, während er ihn doch schon nöthig hatte, um sich deren individuelle Existenz erklärlich zu machen

Den Uebergang aus der theillosen potentiellen Einheit in die reale Gliederung des actuellen Wollens nennt Mainländer den „Tod Gottes". Diese Bezeichnung ist so übel als nur möglich gewählt, denn der Einheit der reinen Potenz kommt der Name Gott gar nicht zu. Höchstens möchte es zulässig sein das Absolute in seinem Verhältniss zur Welt, das heisst, in seiner begrifflichen Trennung von „Potenz- und Actus-Sein, oder An-sich und Anders-sein" Gott zu nennen. Das Richtigste aber ist das Absolute nur insofern Gott zu nennen, als es sich im Spiegel des religiösen Bewusstseins reflectirt. Fern davon also, dass bei der Geburt der Welt Gott starb, wurde damit erst die Bedingung seines Seins als Gott gegeben.

Dass Mainländer seine vorweltliche Einheit Gott tauft, ist um so vorwunderlicher, als er es als den Schwerpunkt der „immanenten Philosophie" erachtet, die „wissenschaftliche Begründung des Atheismus" zu bieten, als der höchsten Form der Weltanschauung, zu der der Pantheismus in seinen verschiedenen Gestaltungen nur erst die Vorschule war. Mit solcher Erhebung des Atheismus und der Anerkennung, dass die Menschheit nunmehr zur Erkennung reif geworden, stimmt es dann freilich wieder sehr schlecht, wenn an anderer Stelle das Bewusstsein der vormaligen Gottesgemeinschaft, als ein das Individuum „erhebendes" bezeichnet wird.

Was von der Unzerstörbarkeit des Absoluten, als All-Einen gilt, das gilt auch von seinen Theilen; sofern Theile des Absoluten nichts anderes heissen, als Erscheinungen der differencirten Thätigkeiten. Diese können aufhören, aber nur als Action, unbeschadet des in ihnen Wesenden.

Das Gesetz der Erhaltung der Kraft, welches Mainländer negirt, hat zwei Begründungen. Die eine ist die empirische, naturwissenschaftliche, wonach aus Jedem wieder etwas wird; sei es unmittelbar, sei es, dass die Kraft in der Latenz verharrend einen Zustand repräsentirt, der eines weiteren Anstosses bedarf, um nun erst die in ihm gebundenen Kräfte ganz oder theilweise wieder in den Kreislauf des Werdens zu entlassen. Das Resultat der Empirie wird zum Gesetz durch die logische Begründung, welche ihm unser Denken ertheilt, weil es unfähig ist zu denken, es könne aus dem Nichts etwas und aus dem Etwas Nichts werden. Diese beiden Begründungen werden speculativ zu absoluten erhoben, sowohl vom Materialismus, als vom naturalistischen Pantheismus, der das Absolute in dem Sinne fasst, als ob das All-Eine Wesen und das Universum derart in Eins fielen, dass das letztere die gesammte Activität des Absoluten nicht allein der Wirklichkeit, sondern auch der Möglichkeit nach in sich enthalte. Für denjenigen Pantheismus dagegen, der das Wesen des Absoluten nicht als nothwendig ganz aufgegangen in der das Universum darstellenden Activität betrachtet (Monotheistischer-Pantheismus), ist die Erhaltung der Kraft nur eine für die Praxis der Wahrheit gleichkommende Wahrscheinlichkeit, bezüglich der im Universum objectivirten Kraft, und eine quantitative oder intensive Ausdehnung oder Einschränkung des Weltalls, correlativ der vermehrten oder verminderten Ausströmung der Activität aus der Potenz, a priori weder zu bejahen noch zu verneinen. Aber auch von diesem Standpunkt, der demjenigen Mainländer's durchaus entgegen ist, wäre mit der Verminderung der Kraftsumme in der Welt kein Uebergang eines einmal Gewesenen in das reine Nichts gegeben, sondern nur eine Erscheinung hörte auf, die ihr An-sich bildende Thätigkeit wäre in ihrem Urquell latent geworden. Für die gewünschte Vernichtung des Absoluten wäre dabei nichts gewonnen; wenn auch nach und nach alle Kraft aus der Welt verschwände, diese also aufhörte zu sein, so wäre eben nur das Absolute wieder rein an-sich in ungetheilter Einheit und Ruhe, aber nicht vernichtet. Solche Verminderung der Kraft aber lässt sich nicht nachweiseu; nur einer einseitigen Betrachtung kann es scheinen, als ob geistige oder materielle Kräfte verloren gingen, während deren Kreislauf stattfindet; ein Kreislauf, der übrigens wahrscheinlich derart einer Spirale gleicht, dass durch den Wechsel immer mehr und mehr bewusst — geistige Kräfte frei werden. Vor der Verkennung dieses blossen Wechsels hätte ein Weltbetrachter geschützt sein sollen, dem Stoff und Geist nur Bewegungsmodi sind.

Es ist durchaus einseitig, wenn Mainländer aus der Abnahme der Ueppigkeit der Vegetation, der Kleinheit unserer jetzigen Thierspecien im Vergleich mit denjenigen früherer Erdperioden, aus der (übrigens nicht sichergestellten) Verminderung physischer Kraft unserer Zeitgenossen gegenüber den Menschen des Alterthums, und endlich aus der verminderten Energie der elementaren Leidenschaften in unseren Culturschichten auf eine positive Minderung der Kraft schliessen will. Wenn die sich selbst überlassene Vegetation kraftstrotzender erscheint, als diejenige der Cultur, so ist es, weil wir dort die Producte langer Reihen von Jahren auf- und ineinander gehäuft schauen, indessen die unter Cultur stehende Vegetation zu einem grossen Theil nur ein- oder wenigjährig ist. Könnte man die Kraftsumme vergleichen, die ein hundertjähriger unbeforsteter Waldbestand, und anderseits die hundert Weizenernten eines unter guter Cultur stehenden, gleichgrossen Fleck Landes repräsentirte, sicherlich fiele der Ueberschuss an Kraft auf Seite der Culturvegetation. Wenn die Thiere grösser waren in früheren Erdperioden, so hat dafür die Kraftsumme des bewussten Menschengeistes gefehlt.

Der Mensch aber ist nicht, wie Mainländer meint, vom Riesen zum gegenwärtigen Menschen hinuntergekommen, sondern hat sich eher aus kleinen, den heutigen Eskimos ähnlichen Gestalten entwickelt. Selbst aber angenommen, in den historischen Zeiten sei im Durchschnitt die körperliche Kraft und physische Widerstandsfähigkeit geschwächt worden, so wäre es nur insoferne, als das Gehirnleben über das blos vegetative und sensuelle Leben in allen Schichten der Culturvölker hervordrängt. Findet zu einseitige Steigerung statt, dann allerdings kann der Geist seine materielle Unterlage zertrümmern und damit seinen individuellen Bestand selbst aufheben; aber verloren ist dabei keine Kraft. Die materiellen, chemischen, elementaren Kräfte werden nur wieder frei zu neuen Verbindungen, indessen der Geist allüberall seine keimfähigen Samenkörner hinterlassen hat.

Ungeachtet der sich stets ausbreitenden naturwissenschaftlichen Kenntnisse, findet man die irrthümliche Anschauung Mainländer's noch recht häufig in Laienkreisen getheilt, aus welchem Grunde die vorstehenden trivialen Bemerkungen ihre Entschuldigung finden möchten.

Es ist (gelinde gesagt) ein leeres Wort, dass nach dem Aussterben der Menschheit und dadurch bedingt ein Weltzustand eintreten soll, wo keine Gase mehr seien, und wo den übrigen Flüssigkeiten kein Hinderniss zur „Erlösung" entgegenstände. Die Elemente als solche bleiben dieselben, ob sie den Kreislauf durch das Pflanzen- und Thierreich und endlich durch die physiologischen Hirnprocesse eines geistig Höchststehenden gemacht haben oder nicht. Wir können, je nachdem wir die empirisch gegebene Entwicklung nur als eine räumlich und zeitlich partielle, als aufsteigenden Bahntheil eines Kreislaufes, oder als positive, zu einem bestimmten transcendenten Ziele führende, betrachten, in zweifachem Sinne an ein Weltende denken. Entweder als Resultat der einheitlichen Willensverneinung, dann natürlich nur auf der höchsten Höhe des bewusstgeistigen Lebens (E. von Hartmann), oder aber als ein Versinken in den Schlummer der Unbewusstheit, ein chaotisches, ungegliedertes Nebeneinander, Unbeweglichkeit der Uratome: hervorgerufen durch Mangel der den realen Relationen correlaten Synthesen im absoluten Geiste. Nach Mainländer aber sollen wir uns den Weltprocess denken, gleich einer Dampfmühle, die, indem sie mahlt, sich selbst mit vermahlt, indessen sie ihre zum Mahlen nöthige Triebkraft durch das Verbrennen des Mahlproductes bestreitet, und wobei obendrein weder Rauch, noch Wärme, noch Luftbewegung hervorgebracht wird. Wie wir eine solche Mühle nicht construiren könnten, so unmöglich wird uns der Gedanke eines in's absolute Nichts einmündenden Weltprocesses.

Mainländer möchte die Einheit, die er als Ausgangspunkt der Entwicklung und als logische Voraussetzung für die Möglichkeit eines teleologischen Werdens und Seins nicht entbehren kann, gerne wieder los sein, weil er die Selbstherrlichkeit des Individuums und des weiteren die Bestimmung seines Schicksals retten möchte. Nur eine lebendige Einheit in und hinter den realen vielen, nicht eine todte, einmal gewesene, garantirt eine Durchdringung — nicht blosse Beeinflussung, — wie sie die thatsächliche Einheitsempfindung der Bewusstseins-Individuen zur Erklärung fordert. Auch ein teleologischer Weltgang ist durch blosse Abstammung aus der in die Brüche gegangenen Einheit nicht möglich. Diese könnte nur bürgen für die fundamentale Gleichheit neben theilweiser Verschiedenheit (z. B. für die Willensnatur aller Kräfte), und nur zufällig könnten die Individuen bei der Explosion in derartige Wurfbahnen geworfen worden sein, dass eine das Ende herbeiführende Reibung resultirte; denn das Ueberseiende, mag ihm eine noch so grosse Fülle von Weisheit zu Gebote gestanden haben, ist ja vergangen, und was übrig blieb, ist Wille, blinder Wille.

Mainländer denkt sich den Weltprocess wie ein künstliches Uhrwerk, welches beim Entstehen aufgezogen, nun abschnurt und mit dem letzten Pendelschlag in nichts zerfällt. Der Wille als oberstes Princip schliesst aber jede Weltanschauung eo ipso aus, welche die Welt zum mechanischen, von aussen bestimmten Product degradirt. Eben so unfruchtbar ist die gewesene Einheit zur Begründung von Mainländer's Auffassung des Schicksals des Einzelnen, als halbe Selbstbestimmung und halb vom Zufall verhängt (eine übrigens hier ganz unpassende Bezeichnung). Gerade die von ihm behauptete Mittelstellung zwischen Freiheit und Nothwendigkeit ist unhaltbar, und nur ein „entweder-oder", oder aber ein „sowohl-als-auch" möglich. Entweder jedes Individuum ist absolut frei: dann ist irgend welche Weltordnung, irgend welcher Weltplan, irgend welcher Weltprocess (der Begriff Process schliesst Ziel und Zweck ein) unmöglich; die Existenz nur ein Chaos. Oder sämmtliche Individuen bewegen sich in Folge des uranfänglich erhaltenen Anstosses in der dadurch erhaltenen Richtung einem Ziele zu, gleich den aus einer Flinte geschossenen Schrotkörnern: dann sind sie eben so unfrei, wie diese, wobei die Scheinfreiheit des Willens für das Bewusstsein doch bestehen könnte, da die Causalreihe der Kraftmomente ausser dem Bewusstsein bleibt. Endlich kann jede einzelne That jedes einzelnen Individuums unfrei sein, weil bedingt einerseits durch die ebenfalls wahllos empfangene Charakterveranlagung, und andererseits durch die Einwirkungen der Aussenwelt; und gleichzeitig kann das Individuum insofern frei genannt werden und sich theoretisch frei wissen, als das Wesen des Individuums, das All-Eine Wesen ist, welches im logisch nothwendigen Zusammenwirken den Weltprocess nicht leitet, sondern ist. Diese

Vereinigung, die aber — wir wiederholen es absichtlich — dem Bewusstsein unmittelbar immer verschlossen ist, und auf welche man sich hüten muss, das in der Regel vorhandene Gefühl der Entscheidungsfreiheit zurückführen zu wollen, ist eben nur beim Pantheismus möglich. Nur das Wurzeln in der lebendigen Einheit, nicht die Herkunft aus der todten, einmal gewesenen Gottheit, gewährt die absolute Freiheit über der absoluten Gebundenheit des empirischen Willens. Die vergangene Einheit macht das So-sein des Charakters des Individuums und seine Lebensbahn nicht zu einer frei gewählten, weil das Individuum ja noch gar nicht vorhanden war, so lange die Einheit bestand.

Es ist ein Widerspruch, dass etwas sich selbst die Essenz bestimmt haben soll, bevor es selbst, d. h. als diese Essenz war. Mainländer hat diese fatale transcendentale Freiheit von Schopenhauer *) übernommen, während er so manchen fruchtbaren Gedanken, so manchen hoffnungsvollen Ideenkeim als „Widerspruchsvoll" verwarf oder übersah.

Die oppositionelle Stellung zu einem allgemein acceptirten Naturgesetze einerseits, und die Denkunmöglichkeit ihres Fundamentalsatzes vom Uebergang der absoluten Position in's absolute Nichts, machen Mainländer's Metaphysik zu einer unfruchtbaren philosophischen Eintagsfliege. Mit demselben Rechte könnte ein Optimist aufstehen und ihr ein auf folgende Gedanken erbautes System entgegenstellen: das „Nichts" entbrannte in der Sehnsucht, Gott zu sein. Seine Natur des „Unterseins" gestattete den

---

*) Ueber Willensfreiheit im Allgemeinen, liberum arbitrium indifferentiae und transcendente Freiheit im Besondern vergleiche: E. von Hartmann „Phänomenalogie d. sittl. Bewusstseins"; pp. 396 bis 483.

Uebergang in den Zustand des göttlichen Ueberseins nicht unmittelbar. So entliess sich die reine Einheit in die Vielheit der „Nichtse". Durch die Einheit des Ursprunges ist die Parallelität der Bewegung und die Möglichkeit des *influxus physicus* für den Schwarm der „Nichtse" gegeben. Aus dem jedem individuellen Nichts wesenseigenen Triebe, sich zur Gottheit aufzublähen, entsteht der Weltprocess, der Entwicklung ist, und als Embryonalzeit Gottes aufgefasst werden muss. Der Kraft wird immer mehr; das Gesetz der Erhaltung der Kraft ist daher dahin zu corrigiren, dass das Gleichgewicht der sogenannten materiellen Kräfte nur dadurch bisan gewahrt wurde, dass immer ein Theil derselben innerhalb des physiologisch-psychischen Gehirnprocesses in freien sich Gott wissenden Geist umgewandelt wurde. Hat diese Ansammlung einen gewissen Grad erreicht, so überwältigt der ihm innewohnende Ueberwille den in der Materie, als Erbtheil vom Ur-Nichts überkommenen Unterwillen — der bisher seine Activität in der Endlichkeit und Todesverfallenheit der Creatur manifestirte — und die Welt transfigurirt sich in die reine Wonne des göttlichen Ueberseins.

Dass unser imaginärer Philosoph weder für apriorische noch aposteriorische „Beweise" für seine frohe Botschaft in Verlegenheit wäre, wird jedem Humoristen einleuchten; gewisse charakteristische Eigenschaften unseres Zeitalters, die man kurz als das „Oben-hinaus-wollen" bezeichnen könnte, fänden durch diese Metaphysik ihre brillante Beleuchtung und Sanctionirung.

Endlich könnte auch das vielgedeutete, umgedeutete, aus- und eingelegte Christenthum und der Buddhismus — diese wahre Kautschuk-Philosophie — als im Bilde die Wahrheit kündendes Vorahnen zur Illustration der neuen Weltweisheit herangezogen werden. Es wäre wahrlich nicht verwegener, z. B. das katholische Mysterium der Wandlung *) oder der Geburt des wahrhaften Menschen und wahrhaften Gottes aus der Jungfrau im Sinne der Entwicklung des Gottesbewusstseins aus der Materie, des göttlichen Ueberseins aus dem jungfräulichen Schoosse des reinen Nichts zu deuten, als — wie Mainländer — das Christenthum als Religion des Atheismus, das Reich Gottes als das *nihil negativum* zu declariren.

D.

Nach Mainländer ist die Ethik Eudämonik, ihre Aufgabe, das „Mittel anzugeben, wie der Mensch zum vollen Herzensfrieden, zum höchsten Glück gelangen kann".

Der natürliche Egoismus will nicht nur das Leben schlechthin, sondern er will Befriedigung aller seiner Wünsche und Begierden, welche er sein „Glück" nennt. Da dies in einer Welt, die lauter Wille ist, nicht erreichbar ist, so sucht er doch so oft als möglich die Lust der befriedigten Begierde zu erlangen, oder wenigstens den Schmerz abzuwenden, der noch öfter droht, als die Möglichkeit der Lust winkt. Da nur die Gegenwart das unmittelbar sichere ist, das in der Zukunft zu geschehende durch die Zweifel an seinem Eintreffen, sowie durch die schwächeren Farben des anticipirenden Vorstellungsbildes bedeutend in seiner Motivationskraft abgeschwächt wird, so muss eine in der Zukunft zu erwartende Lust bedeutend

---

*) Wilhelm Jordan in „die Erfüllung des Christenthumes" sagt p. 330: „das Aehrenmark, das als Oblate in der Monstranz und der Rebensaft, der im Kelche nach dem Glauben der Messehörenden in Gottes Leib und Gottes Blut verwandelt wird, sehnen sich theilzunehmen an der höchsten Erdenwürde, um in Menschenleib und Menschenblut umgewandelt Mitträger zu sein der irdischen Erscheinung des Göttlichen".

grösser erscheinen, als eine solche in der Gegenwart, wenn zur Sicherung der Ersteren auf die Letztere soll verzichtet oder gar ein Leid erduldet werden. Ebenso bei der Unlust; eine solche unmittelbar bevorstehende wird mehr geflohen, als eine gleich grosse in der Zukunft drohende; diese muss daher viel grösser erscheinen, um zu motiviren.

Je entwickelter nun der Geist des Menschen ist, um so fähiger wird er sein, den eudämonologischen Werth der aus seinen Handlungen resultirenden Verhältnisse für Gegenwart und Zukunft abzuschätzen und sowohl sein eigenes echtes Wohl zu erkennen, als in jedem einzelnen Falle zu beurtheilen, welche Handlung seinem Interesse am besten entspricht, um sich demgemäss wollend zu bethätigen.

Soweit ist alles klar; was soll es aber heissen, wenn wir (p. 173) lesen: „daraus ergibt sich, dass der Mensch eine vollkommene Wahlentscheidung hat und unter Umständen gegen seinen Charakter handeln kann, nämlich, wenn eine Handlung seinem allgemeinen Wohl entgegen wäre, und er sie demnach unterlässt", obgleich seine Natur ihn dazu treibt. Und weiter (p. 176) „es könnte nun scheinen, als ob der Mensch das *liberum arbitrium indifferentiae* habe; das ist aber nicht der Fall; alles geschieht nach Nothwendigkeit". Jeder Mensch hat einen bestimmten Charakter, der, ist das Motiv zureichend, handeln muss; es „kann aber der Fall eintreten, dass ein Motiv für meinen Charakter zureichend ist, aber unzureichend für mein ganzes Ich, weil mein Geist mein allgemeines Wohl als Gegenmotiv aufstellt, und dieses stärker ist als jenes", dessen nur eben zu erwähnen, dass hiemit die „halbe Freiheit", die dem Individuum in der Metaphysik zugestanden wurde, wieder entzogen wird, könnten diese Stellen zur Annahme verleiten für Mainländer sei der Charakter nur die Summe der sinnlichen Begehrungen und instinctiven Willensactionen und ein durchaus Getrenntes vom erkennenden Geiste, welcher privatim für sich, zur Realisirung seiner höheren Pläne einen besonderen Willen zur Verfügung hätte, dem der ordinäre nur zum Vorspann dienen müsste. Mit Charakter bezeichnet man aber die Summe der Reactionsmodi auf irgend welches zureichende Motiv; mag der Mensch handeln wie er will, als Weiser oder als Sklave seiner Sinne, immer handelt er seinem Charakter gemäss. Scheint es anders, so ist es nur ein Beweis, dass der Beobachter (oder das Subject selbst) den Charakter nicht vollständig kannte, und nun durch das Hervortreten einer neuen Seite desselben überrascht wird. Ob der Wille leichter durch theoretische, oder energischer durch sinnliche Motive erregt wird, das macht eben das Besondere eines Charakters aus; nie aber handelt der Mensch seinem Charakter entgegen, denn der Mensch als Handelnder ist eben nur sein Charakter.

Selbst wenn Mainländer's Wille — der „Dämon" — das *liberum arbitrium indifferentiae* hätte, wäre es erst recht wahrscheinlich, dass er nur dem augenblicklichen Behagen folgte und sich nicht durch den Geist schulmeistern liesse; nicht weil das eine ihm besser behagen würde als das andere, sondern weil für ihn, den Ur-Blinden, **beides** nicht vorhanden wäre und das Vorher in der „realen Succession" wahrscheinlich allein den Ausschlag gäbe.

Ob es Mainländer klar ist, was es eigentlich für eine Bewandtniss mit dem *liberum arbitrium indifferentiae* haben müsste, darüber lassen die verschiedenen Erwähnungen desselben zum mindesten sehr im Zweifel.

* * *

Im Naturzustand ist nichts gut und nichts böse, alles ist einfach natürlich. Erst indem die Menschen den Staat durch „einen Vertrag" geschaffen, entstehen diese Begriffe; der Mensch hat nun Rechte und Pflichten. Leben und Eigenthum hat er sich gesichert, sein allgemeines Wohl ist erhöht, aber er ist unglücklicher geworden, denn „unglücklich sind wir, wenn wir mit Rücksicht auf das allgemeine Wohl eine Begierde hemmen", kurz „unserem Charakter entgegenhandeln müssen"; und er muss es ja nun, wenn er sich nicht der Strafe aussetzen will. Doch ist der Verlust an Freiheit im Staate nur noch beschränkt; dieser straft ihn nur, wenn er einen Mitbürger bestiehlt oder tödtet, nicht wenn er ihn verhungern lässt. Die weitere Beschränkung der Natürlichkeit ist die Aufgabe der Religion. Das Individuum sah sich hilflos in der Hand einer feindlichen Macht, gegen die auch der Staat nicht Schutz gewährte; so entstanden dem Urmenschen die Götter.

Je vollendeter die Religion, je vollständiger bindet sie den Menschen, am meisten also das die höchste Stufe repräsentirende Christenthum, mit seinen Geboten: liebe den Nächsten wie dich selbst, und liebe deine Feinde. Lebt der natürliche Egoist nach diesen Geboten, so ist wiederum sein wahres Wohl gewachsen, denn er glaubt an den Himmel und die Hölle, an die das Irdische weit überragende Seligkeit des einen, an die, alle Unlust der Unfreiheit überbietende Qual der anderen. Indem er den Gesetzen des Staates und der Kirche entsprechend handelt, handelt er legal; wann aber handelt er moralisch? Mainländer zieht fest und unbewegt die Consequenz eines pluralistischen Individualismus, und erklärt den Egoismus für absolut (p. 189). „Die Abwesenheit aller egoistischen Motive kann nie Kriterion einer moralischen Handlung sein. Alle Handlungen sind egoistisch, denn entweder handle ich meiner Neigung gemäss, oder gegen meinen Charakter; in ersterem Falle handle ich unbedingt egoistisch, in letzterem nicht anders, indem ich ein Interesse haben muss, wenn ich meinen Charakter zwingen will". Eine Handlung aber ist moralisch, wenn sie legal ist und wenn sie gerne geschieht (!). Das Grundprincip ist also ein individuelleudämonistisches, die moralische Handlung unterscheidet sich von der unmoralischen und sittlich indifferenten nur durch die etwas complicirtere Entstehung der zum Motiv werdenden Vorstellung; die Sittlichkeit hängt demnach vom Grade der Intelligenz ab.

Wäre der Pluralismus richtig, wäre jedes Ich eine von allen andern durchaus getrennte Wesenheit, so wäre allerdings durchaus nicht abzusehen, wie ein anderes als egoistisches Handeln möglich wäre.*)

Nun sehen wir aber allerorts Fälle, wo Menschen ohne alle Rücksicht auf ihr persönliches Wohl und ohne Hintergedanken an eine jenseitige Vergeltung — an die sie nicht glauben — Handlungen begehen, die ihnen ganz bedeutende positive Unlust bereiten, weil das Lustmoment, welches sie sich allerdings nebenbei dadurch sichern, dass sie ihrem sittlichen Willen genugthun, weit überwogen wird durch die Unlust der übernommenen Opfer oder Anstrengungen. Ein „Interesse" muss natürlich immer vorhanden sein, wenn etwas gewollt werden soll; ohne Interesse keine Handlung; aber das Object des Interesses ist in gar vielen Fällen ausserhalb der Wohl- und Wehsphäre des Subjectes gelegen. Es ist dem Begriff „Egoismus" unerlaubten Zwang angethan, wenn man ihn so gewaltsam ausdehnt, dass er die fundamentale Qualität des Willens: sich selbst, resp. seinen Inhalt, zu wollen bezeichnet. Dem Sprachgebrauch gemäss darf nur die Handlung egoistisch genannt werden, die die relative oder positive Lust des handelnden Individuums sich zum Ziele setzt; nicht aber

---

*) Vergl. hiezu E. v. Hartmann's „Neukantianismus, Schopenhauerianismus und Hegelianismus"; p. 215 und 216. Ferner „Phänomenologie d. sitt. Bewusstseins"; p. 777.

wenn sie ohne Rücksicht auf's Ich, ganz nur im Hinblick auf Andere vollzogen wird, aber im Falle des Gelingens ausser der Förderung des Wohles Anderer auch für's Ich eudämonologisch günstige Resultate hat, indem sie z. B. das handelnde Subject von der Unlust des Mitleids befreit, u. s. w. Selbst wenn die Handelnden an Lohn und Strafe glauben, so dürfen sie, um sittlich zu handeln, im Moment ihrer Willensentschliessung nicht darauf reflectiren; es handeln aber auch Leute sittlich, die an kein Jenseits glauben, und noch viel weniger an die Fortdauer ihrer, als Individuum in neuer Incarnation; und es handeln Arme an Geist sittlich, die fern davon sind, den Causalnexus zu begreifen, durch welchen eine gute That auch ihrem Wesenskern wieder zu Nutzen kommen könnte. Mainländer kann schliesslich diesen „guten Willen", diesen von Natur zum Heraustreten aus dem Cirkel des Egoismus disponirten Charakter nicht entbehren, p. 189: „es handeln alle diejenigen moralisch, deren Charakter redlich und barmherzig ist". Er gibt damit der Wahrheit die Ehre gegen sein Interesse, denn er bietet damit seinem Individualismus ein gefährliches Schach, da dieser nur für die Klugheitsmoral Raum hat.

Die Erkenntniss von der Nothwendigkeit gewisser Handlungen für sein eigenes Wohl kann auch den natürlichen Egoisten derart entzünden, dass er fortan die geforderten Handlungen mit Freude thut! nun ist er glücklich und sittlich. Im Christenthum ist der im Glauben entzündete Mensch im Zustand des höchsten Glückes, da er sein ewiges Wohl auf überschwängliche Weise gesichert glaubt, aber die Philosophie weiss nichts von Himmel und Hölle, nichts von Lohn und Strafe; dagegen lehrt sie ihn — nämlich die Philosophie Mainländer's! — dass er in seinen Kindern fortlebt und in ihnen allen Zufällen des Lebens ausgesetzt ist. Es handelt sich also für die, die solches erkennen, darum, einen **idealen Staat** zu erstreben, worin alles vom Leben abgetrennt ist, was nicht wesentlich damit verbunden: alle Noth und alles Elend. — Dass eine Metaphysik und Ethik, welche den Weltprocess nur als den langsamen Sterbeact eines Gottes auffasst, dem der Selbstmord unmittelbar misslang, nur auf pessimistischer Weltanschauung fussen kann, ist selbstverständlich. Das Ueberwiegen des Elendes in der Welt steht Mainländer so fest, dass er sich auf den Nachweis gar nicht einlässt, einfach auf „Andere" verweisend, die es gethan „und so meisterhaft gethan, dass für jeden Einsichtigen die Acten darüber geschlossen sind". Mit dem Optimismus braucht man sich nicht einzulassen, dessen Urtheil ist gefälscht durch den noch zu heftigen Drang nach dem Leben. — Das Leben selbst sorgt dafür, dass er corrigirt wird. Hier ist also Mainländer mit Schopenhauer durchaus einig; ebenso findet eine Gemeinschaft mit E. v. Hartmann — **gegen** Schopenhauer — statt, indem er dadurch, dass er die Sittlichkeit auf intellectuelle Erkenntniss stützt, Raum gewinnt für einen ethischen, sowie durch seine nicht eingestandene, aber thatsächlich vorhandene teleologische Weltauffassung für einen evolutionistischen (social-politischen) Optimismus, innerhalb des eudämonologischen Pessimismus. Es liegt in der allgemeinen Bewegung der Vielen, dass durch den Kampf um möglichst glückliches Leben zuletzt der ideale Staat resultirt. Der ideale Staat ist das vorläufige Ziel der noch das Leben bejahenden Individuen, die aber erkannt haben, dass sie in ihren Kindern fortleben und deren Wille sich daher entzündet hat an der Vorstellung des dort winkenden relativen Glückes.

Der ideale Staat ist die höchste Civilisationsstufe; die Civilisation aber tödtet. Im idealen Staat ist nur noch eine Bewegung möglich: die nach der völligen Vernichtung zu, aus dem Sein in's Nichtsein. Denn jetzt, wo für Alle die denkbar günstigsten Verhältnisse bestehen, muss auch die letzte Täuschung über den eudämonologischen Werth des Lebens schwinden, und es wird in allen die Sehnsucht nach dem Nichts, als der einzigen Möglichkeit der absoluten Schmerzlosigkeit erwachen, „der Bewegung der Menschheit nach dem idealen Staate wird diejenige aus dem Sein in das Nichtsein folgen, oder mit andern Worten: die Bewegung der Menschheit überhaupt ist die Bewegung aus dem Sein in das Nichtsein". „Halten wir aber beide Bewegungen getrennt, so tritt, wie aus der ersteren das Gebot der vollen Hingabe an das Allgemeine getreten ist, aus der letzteren das Gebot der Virginität; — denn wenn auch die Bewegung sich vollziehen wird trotz thierischem Geschlechtstrieb und trotz Wollust, so tritt sie doch an jeden Einzelnen mit der ernsten Forderung heran keusch zu sein, damit sie rascher zum Ziele komme." p. 215—216.

Die Virginität ist recht eigentlich der Knalleffect der „immanenten Philosophie", das Lieblingskind Mainländer's; sie ist das Ueberbleibsel von Schopenhauer's geforderter Askese, als Gipfel der esotherischen Ethik, wird aber sinnlos, wenn durch Acceptirung einer teleologischen Weltauffassung Schopenhauer's Voraussetzungen aufgehoben sind. Mainländer's Weltanschauung ist durch und durch teleologisch; dass er ein absolutes Subject als Träger der Teleologie läugnet, ändert nichts daran, sie wird nur in die Leere gehängt, ist aber doch vorhanden. Das einzige Stichhaltige an der Behauptung: dass es nur so scheine, als ob die Entwicklung zweckvoll sei, ist nur das, dass der Träger dieser höchsten Zweckidee kein transcendentes bewusstes Wesen, und die das Rad der Weltbewegung drehende Kraft nur die Vielheit der immanenten Kräfte ist.

Muss die Welt durch den „idealen Staat", worunter
der höchste Culturzustand als Niederschlag der höchstmöglichen Geistesentwicklung der Menschheit zu verstehen ist,
so ist jede vorzeitige Minderung der Gesammtkraft — die
als Wurfkraft des Seins in's Nichtsein zu verstehen ist —
nicht mit einer Beschleunigung, sondern mit einer Retardation der Bewegung verbunden.

Mainländer selbst wird bei Erörterung dieser Doppelbewegung, die das schiefe Produkt seiner schiefen Auffassung von Freiheit und Nothwendigkeit, Weltschicksal
und individueller Willkür ist, unsicher; so sagt er (p. 281):
„die Civilisation will, dass alle Menschen sich so viel als
möglich in neue Individuen auseinanderlegen, damit unmittelbar und mittelbar der Wille geschwächt werde: unmittelbar
durch die Versplitterung, mittelbar durch die grössere Reibung."
Damit ist die Virginität als Forderung des idealen
Staates und als letzte Wegstation zur Erlösung ausgeschlossen. Da die allgemeine Entflammung zur Virginität erst im idealen Staate eintreten wird, so wäre die
schon jetzt geübte Virginität Einzelner, fern davon die allgemeine Welterlösung zu beschleunigen, nur ein Hinderniss
für das Zustandekommen des idealen Staates, indem die
erleuchteten Geister, statt ihren Geist in ihren Kindern
zum allgemeinen Besten weiter leuchten zu lassen, durch
selbstsüchtigen Rückzug den Zurückgebliebenen im Drange
nach Leben das Feld räumten. Soll der ideale Staat sein,
so soll keine Virginität sein, da sie seine Realisation verzögert. Consequenterweise aber hätte sich im Individualismus
das Individuum gar nicht darum zu kümmern, wie die
anderen Einheitsbruchstückchen es anfangen, ihre Existenz
los zu werden, sobald es den Weg kennt, wie es für seinen
Theil das Sein loswerden kann; denn das Individuum ist
ja Souverän, ist und soll nichts sein, als raffinirter Egoist.
Mit der Entflammung für den idealen Staat ist er nur der

Düpirte von Solidaritätsinstincten, für die seine „immanente Philosophie" so wenig eine Erklärung hat, als für Liebe, Mitleid und Gerechtigkeit als solche, die ursprünglicher sind als die Gebote, die sie zu „legalen" Affecten stempeln. Es gibt keine Doppelbewegung, sondern nur eine Alternative: entweder egoistische Beschränkung auf sich selbst mit Virginität, wenn sie Einen glücklich macht, — was Mainländer für die Zeit, wo die erste Unlust der Entsagung überwunden sein würde, nicht müde wird zu versichern — oder sittliche Hingabe an den allgemeinen Process; dann aber auch ganz innerhalb der Naturordnung. Die Forderung der Virginität sammt jeder das natürliche Triebleben der Menschen mortificirenden Askese ist im Christenthum, wie in anderen Religionen die Consequenz einer dualistischen Auffassung der Welt, einer Betrachtungsweise des Natürlichen als eines vom Geiste schechthin getrennten, Wesensverschiedenen und diesem Feindlichen. Trotz der zersprengten Einheit vor der Welt, ist Mainländer's Philosophie monistisch bezüglich des letzten Zweckes und der Actionsweise der Vielen: sie ist Monismus der Action und des Zweckes. Der Monismus kann nie die Unterdrückung der einen Seite des Weltseins fordern; nur die Veredlung der Natur, dadurch, dass die Triebe in den Dienst der Idee genommen werden, kann eine immanente und autonome Moral verlangen. Die „Natur" im engeren Sinne soll nicht unterdrückt werden, denn sie ist die gleichberechtigte Hälfte der „Natur" im weiteren Sinne des Wortes, und der Zweck kann nur sein, vermittelst Durchdringung ihres ganzen Gebietes mit dem bewussten Geiste, das an sich unbewusst Zweckmässige zum bewusst Zweckvollen zu erheben.

Hat nun Einer die Virginität als das „wahre Heil" erkannt, jedoch vor seiner Erleuchtung schon eine Dummheit begangen, so dass er schon in zweiter Auflage lebt, so wäre es jedenfalls viel sicherer, er brächte die Produkte seiner schwachen Stunde einfach auf schmerzlose Weise aus dem Leben, statt ihnen gute Lehren zu geben und sie „auf sanfte Weise auf den rechten Weg zu leiten", wie Mainländer meint.

Scheut sich der theoretische Egoist, Individualist und Eudämonist vor diesem radicalen Mittel seiner Erlösung, so ist es nur, weil der unbewusste Grund seiner Psyche und die aus ihrer Tiefe aufsteigenden sittlichen Gefühle, welche als Mitleid, Liebe und Gerechtigkeit Opposition dagegen machen, mächtig genug sind, Stand zu halten gegen einen auf Irrwege gerathenen Intellect und dessen paradoxe Philosopheme.

Nach dem bisher Gesagten ist es überflüssig, Mainländer's Betrachtungen der historischen und religiösen Entwickelung sowie dessen Excursionen in's ästhetische Gebiet weiter zu erörtern; dieselben sind eben allseitig bemüht, die allmälige Zermürbung der Kraft und die wahren und illusorischen Gründe darzulegen, wie die Menschen dazu kommen, ihre Naturtriebe zu ihrem wahren Wohl — d. h. der Schwächung ihrer Lebensenergie — unter die Gebote des Staates, der Sitte und der Religion zu beugen. Wie schon bemerkt, ist ihm die höchste Form der letzteren, das Christenthum, welches es sich freilich muss gefallen lassen, sehr abweichend von dem bisher gebräuchlichen ausgelegt zu werden. Mainländer legt dem „Himmelreich" der Verheissung die Seligkeit des Nichtseins unter, und legt dann alle Schriftworte vom Vergehen der bisherigen Himmel und Erde als Verheissungen der erlösenden Vernichtung in seinem Sinne aus. Der Kernpunkt der christlichen Ethik ist ihm natürlich die Empfehlung der Virginität; die Forderung der gänzlichen Selbstverleugnung fügt sich ebenfalls leicht; sie ist ja in Wirklichkeit nur Modification des Egoismus, da für die irdische Verzichtleistung um so grösserer jenseitiger Lohn verheissen wird.

II. Hellenbach's Individualismus.

A.

Schopenhauer sieht den über allen Zweifel erhabenen Beweis des Monismus in der rein subjectiven Idealität von Raum und Zeit, als den „Principia individuationis"; den Beweis der ausschliesslich subjectiven Idealität glaubt er wiederum von Kant in der „transcendentalen Aesthetik" voll erbracht. Gegen diese hat sich daher Hellenbach's Kritik zu richten, um in erster Linie durch Gewinnung einer erkenntnisstheoretisch-transcendenten Realität raumzeitlicher Existenzformen, die Annahme individualisirter Wesen hinter den blos phänomenalen, empirischen Organismen zu rechtfertigen, und zwar ohne gänzliches Verlassen des Schopenhauer'schen Gedankenkreises.

Nach Citation einiger Hauptsätze Kant's bezüglich des Raumes, raisonnirt er in der „Phil. des g. M. V." in folgendem Sinne. Zugegeben, dass die Fähigkeit, Dinge räumlich anschauen zu können, a priori in uns liegt, beweist dies nichts dafür, dass das Activwerden dieser Fähigkeit nicht von gewissen Einwirkungen von aussen bedingt sei; ähnliche apriorische Dispositionen müssen wir ja auch für die Empfindungen der sämmtlichen chemischen und physikalischen Einwirkungen voraussetzen; Einwirkungen, die Kant zugiebt („die Materie der Erscheinung ist uns gegeben"). Ebenso ist zuzugeben, dass die räumliche Form der Erscheinung, nachdem sie einmal gewonnen ist, abgetrennt von materialem Empfindungsinhalt kann betrachtet werden; aber dies kann geschehen mit allen Abstractionen, es ist kein Privilegium von Raum und Zeit. Der „gesunde Menschenverstand" fasst auch die Form, als durch Empfindung vermittelt auf, welch letztere durch Eigenschaften am „Ding an sich" verursacht sind. Hellenbach stützt sich hiebei auf W. Wundt, und citirt aus dessen „Vorlesungen über Thier- und Menschenseele" (1863), wo die Empfindungen ebenfalls als die „Signale" erkannt sind, durch die wir von den Veränderungen an dem Ausser-uns-liegenden Kenntniss erlangen, worauf erst die subjective Gestaltungskraft den idealen Raum schaffend reagirt, so dass der Raum nicht das blosse Product des Subjectes, sondern eine subjective restructive Erbauung aus gegebenen Elementen ist. Unsere Raumvorstellungen sind also Analogone von Beschaffenheiten der Dinge an sich. Aehnlich wie mit dem Raum verhält es sich mit der Zeit; wie ein reales Nebeneinander der Raumvorstellung vorangehen muss, also ein reales Nacheinander der Zeitvorstellung. Auch hier ist die apriorische Fähigkeit erst activ nach empfangenen Daten. Kant selbst — wir berichten hier immer nach Hellenbach — war ferne davon, die Sinnenwelt als blossen Schein erweisen zu wollen, und nur seiner mangelhaften Unterscheidung zwischen Vorstellung und Erscheinung ist es zuzuschreiben, dass Schopenhauer nur eine Zweitheilung — Vorstellung und Ding an sich = All-Einer, ungetheilter Wille — statt geforderter Dreitheilung vorgenommen; anstatt zu fragen: was ist der Raum 1. in der (subjectiven) Vorstellung; was

2. in der Natur, d. h. der in Erscheinung getretenen Welt, im objectivirten Willen, der vielgestaltigen Welt der erkenntnisstheoretischen „Dingen an sich", und was endlich 3. eventuell im absoluten Ding an sich, im „aufgehobenen Willen"*) wodurch dann die Verlängerung der Individuation nach vor- und rückwärts über die empirische Erscheinung hinaus, die jetzt im Widerspruch mit seinen idealistischen Voraussetzungen steht, ihre Begründung gefunden, und zur Rectification der Erkenntnisstheorie geführt hätte.

Die Causalität behandelt Hellenbach nur nebensächlich, indem er deren dem Raum und Zeit analoge Doppelnatur betont, dabei aber nicht zwischen Causalitätsgesetz und allgemeiner Causalität unterscheidet. Die Materie wird als angeschaute Kraft und Begriff von Kraftpyramiden definirt; das Zustandekommen der Vorstellung aber nicht weiter erörtert. Es ergibt sich also das Resumé: „Zeit, Raum und Causalität, so wie sie im menschlichen Erkenntnissvermögen existiren, gehören dem „Dinge an sich" (im Schopenhauer'schen Sinn des Terminus) gewiss nicht an, können möglicher Weise überhaupt keine Bestimmungen des Dinges an sich (dem Subsistirenden) sein, jedenfalls aber sind sie irgend welche Bestimmungen der Erscheinung, der Natur."

Hiemit ist — parallel zu Mainländer — der transcendentale Realismus bekannt — nicht bewiesen.

Wir lesen pag. 78 (Phl. d. ges. M. V.): „Wenn es in meiner Absicht liegen würde, alles und jedes, was in diesem Buche berührt werden wird, mit aller Gründlichkeit zu behandeln, könnte und würde ich auch den Nachweis liefern,

---

*) Sollte heissen „Wille an sich", d. h. Wille abstrahirt von seiner Actualität im Wollen (Schelling's Potentia-Sein).

dass die Apriorität der Causalität, das ist die Fähigkeit, irgend eine Wirkung auf irgend eine Ursache beziehen zu können, allein genüge, um aus dieser Position die nothwendige Entwickelung unserer Raum- und Zeitbegriffe zu entwickeln;" dies mag zugegeben werden, dann aber muss vorher die transcendente Tragkraft des Causalitätsgesetzes aufgezeigt sein, um auf dieses hin die transcendente Realität zu begründen. Den unanfechtbaren Beweis zu liefern, dass wir eine sicher leitende Brücke und nicht nur einen dunklen unzugänglichen Gang, der in die unergründliche Tiefe der Psyche führt, vor uns haben, ist eben noch nicht gelungen; wir kommen nicht über die Wahrscheinlichkeit hinaus, umgekehrt sind wir aber auch sicher, nie durch die Gewissheit niedergeschmettert zu werden, dass Erkenntniss unmöglich sei, weil dabei ja gerade die Negation zur Position, das Verneinte bejaht würde.

Voraussetzung einer Brücke wäre jedenfalls eine streng monistische Weltbeschaffenheit, wo das ewige „Weltauge", das in allen Subjecten anschaut, gleichzeitig in allen Objecten deren Wesen wäre. Da Hellenbach nur einen weit zurückgeschobenen Monismus als Unterlage eines den individuellen Subjecten weiten Spielraum zur Selbstständigkeit gewährenden Individualismus vertritt, so entbehrt er der naturphilosophischen Gegenstütze für seinen Realismus. Im Gegensatz zu Mainländer, der im Subjectiven das treue Spiegelbild des Objectiven sieht, betont Hellenbach fortgehend die Verschiedenheit unserer Vorstellungen von den realen physikalischen Eigenschaften, über den Unterschied von real und ideal hinaus und besonders die unserer Zeit- und Raumvorstellungen und deren reale Correlate. Nur eine räumlich — zeitlich individualisirte Transcendenz schlechthin, will er anerkannt wissen, nicht aber will er, wie Mainländer (zum Theile auch J. von Kirchmann und

And.) ein völliges Gleichgewicht von Sinn und Anschauung, ein sich gänzliches Decken beider Formen anerkennen. "So viele Organisationsarten es gebe, so viele Formen der Anschauung möchte es auch geben," meint er (pag. 99, Phil. d. g. M. V.) gegenüber E. von Hartmann, welcher nur zwei parallel laufende Reihen kennt, und die Vorstellungen der verschiedenen Organisationsstufen (nicht Arten) nur quantitativ verschieden erachtet. — Würde die Organisationsverschiedenheit der Vorstellung — als ideale Reproduction eines Realseienden — auch qualitativ verschieden sein, so wäre der die Vorstellung vermittelnde Organismus nicht mehr blos reproducirend, sondern selbstständig producirend. Dabei wäre erstens die Erkenntniss selbst wieder in Frage gestellt, der mühsam erklommene Grund unter den Füssen erschüttert, und zweitens hätte man mit der schwierigen Frage zu rechnen, wie der Organismus, der selbst nur Product ist, zu dieser originalen Formationskraft kommt. Dieses Bedenken ist für Hellenbach — wie wir in den folgenden Abschnitten sehen werden — nicht vorhanden. Mit einem Eifer, der demjenigen Schopenhauer's kaum nachsteht, betont er die Phänomenalität von Raum, Zeit, Materie, sowie dessen, was wir unser Ich nennen, und welches irrthümlicher Weise noch häufig als der Kern unseres Wesens genommen wird.

Während die "Phil. d. g. M. V." dem subjectiven Idealismus das transcendente Gebiet zu Gunsten des transcendenten Individualismus abringen muss, ist es die Aufgabe des III. Bandes der "Vor. d. Menschh.", die blosse Phänomenalität aller empirischen Daseinsformen den naiven Realisten begreiflich zu machen; ein sehr geschickt angelegter populärer Streifzug in's erkenntnisstheoretische und sinnesphysiologische Gebiet, wobei philosophische und physiologische Schriften trefflich zu Citaten herangezogen sind, dient diesem Zwecke.

Das transcendente Sein des Raumes und der Zeit ist die Bedingung des transcendenten Individualismus; die Erkenntniss der Divergenz der Vorstellungsformen der Räumlichkeit und Zeitlichkeit von deren Correlaten an den realen Naturdingen, d. h. die Phänomenalität von Raum, Zeit, Materie und Ich sollen dessen mit der transcendenten Realität der *principae individuationis* gegebenen Möglichkeit nunmehr auch begreiflich machen und die Hypothese des Metaorganismus, als dem transcendenten Individuum legitimiren. Nur das „dass" der transcendenten Raum- und Zeitformen ist für Hellenbach sicheres Ergebniss der Erkenntnisstheorie, nur das ist ihm gewiss, dass wir kein Recht haben anzunehmen, wir besässen in unserer durch die Sinne vermittelten Vorstellung eine genaue oder auch nur quantitativ vollständige Copie der Welt der Dinge an sich; dagegen ist das „Wie" blosses Object der Speculation. Gesetzmässig folgt der Inhalt der Vorstellung den Vorgängen am realen Sein, aber er giebt dieselben in seine Formen der Subjectivität gegossen. Am Schlusse seiner zweiten Schrift (Individualismus im Lichte der Biologie und Philosophie) begrüsst Hellenbach daher mit grosser Freude die an Kant, Gauss und And. anknüpfenden Speculationen Fr. Zöllner's, bezüglich einer vierten Dimension, als räumlicher Bestimmung an den Dingen an sich; und meint, dass er seinen bisherigen Ausdruck „andere physikalische und raum-zeitliche Verhältnisse" nunmehr dahin präcisiren könne, dass er sie als „vierdimensionale" bezeichne.

Er macht denn auch in den beiden ersten Bänden der „Vor d. M." einen ausgiebigen Gebrauch von der 4. oder in der Folge auch der n-Dimensionalität der Seinsformen, um dann im III. Bande schwankend zu werden, ob die n-Dimensionen nicht vielleicht auch 0-Dimension sein könnte, d. h. es wird dem Gedanken Raum gegeben, es könnte unsere dreidimensionale Raumvorstellung statt ein mangelhaftes Bild der *n*-Dimensionen der Realität zu sein, auch sofern Product der Organisation sein, dass sie auf Anstoss der *O*-dimensionalen Thätigkeit des Dinges an sich diese zum 3-dimensionalen Bilde gestaltete. „Wir können unsern Kopf ganz gut als ein Prisma ansehen, das die räumliche Begrenzung in drei Dimensionen auseinander zieht oder darauf beschränkt" (pag. 55, III. B. d. V. d. M.).

*

Ist das transcendente Sein *O*-dimensional, dann ist der Schopenhauer'sche Monismus und subjective Idealismus die correcte Weltanschauung. *O*-Dimension ist kein Raum mehr, in diesem Falle hätten Kant und Schopenhauer recht, der Raum wäre nur in unserem Kopfe, als secundäres Product unserer Sinnlichkeit*); der transcendente Indivi-

---

*) Doch wäre die Frage noch nicht gänzlich erledigt; denn unsere Subjectivität ist auch reales Sein, d. h. unserer subjectiven, bewussten Vorstellung des Raumes müsste irgend ein objectiv bestehendes Etwas, eine Qualität des Seienden correlat sein. Sollte *O*-Dimensionalität mit transcendenter Individualität verbunden gedacht werden, so müsste die Zeitlichkeit als einziges *principium individuationis* angenommen werden; es wäre dann unsere Raumanschauung nicht das „auseinandergezogene" Bild einer realen Raumbestimmung, sondern eine Anschauungsumgestaltung real-zeitlicher Vorgänge. Man müsste annehmen, gewisse Momente des Nacheinanders zwängen zu doppelseitiger Reproduction, zu Raumvorstellung neben der Zeitvorstellung. Die nahe Verwandtschaft von Raum und Zeit erlaubten immerhin einen solchen Versuch, solange nämlich das transcendente Analogon der Zeit nicht ebenfalls von der Kritik zersetzt würde, was nicht lange anstehen könnte, indem — natürlich auch nur vorläufig — ein unbekanntes x der Qualität als transcendent-ideale Bestimmung der transcendenten Realität an die Stelle träte.

dualismus wäre absolut ausgeschlossen, denn nur ein All-Eines Wesen könnte 0-dimensional, resp. unräumlich existiren, also nicht mehr von Dingen an sich, sondern nur mit Schopenhauer vom Ding an sich, vom absoluten Singular dürfte gesprochen werden. Sobald eine Mehrzahl von Realitäten, gleichviel ob individualisirte Actionen des All-Einen, Emanationsproducte desselben, viele Substanzen, (als Monaden) oder gleichviel wie gedachte Atome vorhanden wären, könnten diese nicht in Relation zu einander treten, wenn jede 0-dimensional bleiben sollte; sowie die Relation einträte, würde die räumliche Existenz, als Raumsetzung beginnen, mit der Concretheit der Vielen hat die 0-Dimensionalität ein Ende. Würden aber viele Substanzen ohne Relationen bestehen, jede für sich 0-dimensional, so wäre die Welt als Vorstellung jedes empirischen Subjectes doch nur über dem 0-dimensionalen Actionspunkte seines eigenen Wesens aufgebaut, wie in der Leibniz'schen Welt der fensterlosen Monaden, ein erkenntnisstheoretisch absolut unfruchtbarer Standpunkt, dessen Schwächen Hellenbach bekannt sind.

Es ist nicht ersichtlich, ob und in welchem Grade Hellenbach sich zum Bewusstsein bringt, dass er sich Schopenhauer wieder nähert, indem er die Möglichkeit der 0-Dimensionalität des Seins aufstellt; ebenso ist nicht darauf eingegangen, wie ganz anders sich die Hypothese des transcendenten Individualismus zu den Hypothesen der n- oder 0-dimensionalen Form der Dinge an sich stellt. Wir lesen nur (p. 62. III. B. Vor. d. M.) „Wie das Kaleidoskop ein zwar gesetzmässiges aber nichts weniger als identisches Bild von seinem Inhalte giebt, so ist unser Kopf ein dreidimensionales Kephaloskop zu nennen, mit dessen Hilfe die Beziehungen der Objecte in der Welt ein dreidimensionales Bild erlangen, welches gesetzmässig aber nicht identisch ist, d. h. es existiren Raum und räumliche Bestimmungen, nur sind sie nicht derartig, wie sie in unserem Kopfe stehen." Und weiter (pag. 72. a. u. b. d. St.): „Es kann der Ausdruck: die Welt sei die Projection einer vierdimensionalen Welt, nur in dem Sinne verstanden werden, für unser Bewusstsein, im Spiegel unseres Bewusstseins. Die Welt ist nur eine, und zwar von X-Dimensionen, sie kann aber durch ein 2-, 3-, 4- oder n-dimensionales Glas gesehen oder vorgestellt werden. Wir haben gar keine Garantie, dass unser Neben-, Nach-, Unter- und Ueber-Einander nicht recht eigentlich ein In-Einander ist, das wir nach drei Dimensionen auseinanderziehen, was aber ganz gut auch anders auseinander gezogen werden könnte."

Das In-Einander selbst umschliesst den Begriff einer örtlichen Bestimmung, und wäre zum mindesten 1-dimensional, nicht 0-dimensional*); während das Nach-Einander gar nicht dieser Kategorie, sondern der der Zeitlichkeit angehört. Gewiss erlaubt die Phänomenalität von Raum, Zeit und Materie, wie sie eine transcendental-realistische

---

*) In-Einander als 0-Dimension kann höchstens als Uebersein (als Subsistenz) angenommen werden. Nur im Reiche der reinen Möglichkeit ist das In-Einander als unräumlich zu denken. Sobald es existenziell wird, so ist das Eine und das Andere nur desswegen concret, weil das Eine das Andere von sich als solchem, entweder ausschliesst, oder aber als Concretes, von sich verschiedenen, in sich einschliesst. In beiden Fällen ist das Andere nicht wo das Eine ist, und damit ist der Raum für's Sein gesetzt. (Wie die Zeit des Nacheinander auch mit dem Geschehen des realen Seins gesetzt ist) Ein 0-Dimensionales kann nicht auseinander gezogen werden, weil nichts da ist, was man ziehen kann. Könnte ich ein 0-Dimensionales räumlich betrachten, so vollzögen meine Sinne eine Neuschöpfung, was Hellenbach in der „Phil. d. ges. M. V." gerade bestreitet. Ist das transcendente Sein 0-dimensional, so darf der Begriff „In-Einander" nicht darauf angewandt werden, denn er ist auf der Grundlage der Raumesanschauurg erwachsen.

Erkenntnisstheorie umschliesst, nicht allein die Annahme von anderen räumlichen Dimensionsverhältnissen des Seins, sondern auch anderer Zeitbestimmungen; in demselben Grade aber, als die Divergenz beider Reihen — der subjectiven und objectiven — betont wird, wird auch die Begründung eines in's transcendente Reich übergreifenden Individualismus umständlicher, der Satz „so viel Schein, so viel Sein" schwieriger zu beweisen. Und zwar ist sowohl O-Dimension, wie n-Dimension anzunehmen gleich gefährlich: schliesst O-Dimension eo ipso die Vielheit aus, so könnte in den uns unanschaubaren n-Dimensionen das Band enthalten sein, welches die empirischen Individuen zum transcendenten Einen-Individuum, dessen nur vereinzelt zur Selbstwahrnehmung gekommene Actionen die Vielen nur sind, vereinigte; ähnlich, wie wenn mein Auge unempfindlich wäre für eine oder zwei Mittelfarben des Regenbogens, mir dieser statt als ein breites Band, als 2, resp. 3 schmälere Bänder nebeneinander erscheinen würde.

B.

Hellenbach acceptirt das Atom als letztes Bestandtheil der anorganischen Natur, verwirft aber die Aethertheorie, mit Berufung auf Newton, Faraday, und verweist (für das Detail) auf Drossbach's Schrift „Ueber Kraft und Bewegung". Das Atom ist als idealer Kraftpunkt zu denken, von dem die Kraft als Kraftlinien, oder Kraftfäden in allen Richtungen ausgehen und im umgekehrten Verhältniss zum Quadrat der Entfernung schwächer, dünner werden. Das Atom ist durchdringbar; durch die Gegenwirkung in den Relationen der Kraftfäden entstehen die Unterschiede der Anziehung und Abstossung; für die Wirkung ist die Masse (Gruppe der Atome) massgebend und findet als Resultat der genannten Umstände (für unsere Vorstellungsweise) activ in Distanz statt. Die Aetherhypothese beruht auf dem bequemen Vorurtheil, dass jede Kraftäusserung einen Träger haben müsse, während es doch umgekehrt die Kräfte allein sind, deren Wirkungen wir empfinden und in der Anschauung in Materie verwandeln (p. 31. III. B. „Vor."). Die Atome, die einfachen Kraftquellen, sind die Bausteine der primären Organismen, welche ihrerseits wieder im Verhältniss des blossen Materiales zu den höhern Organismen insbesondere des Menschen stehn. Hellenbach ist bereit, mit der Relativität des Begriffes der Individualität zu rechnen; jedoch nicht deshalb, nicht bezüglich der Ineinanderschachtelung der Individuen verschiedener Ordnung nennt er seinen Individualismus einen bloss relativen, sondern, weil er den Monismus, soweit er auf den tiefsten Grund des gesammten Seins bezogen wird, nicht anzutasten begehrt, sich nicht darauf steift, die Atome, als die Individuen erster Ordnung im pluralistischen Sinne, als substanzielle Monaden aufzufassen, sondern deren bloss phänomenale Natur, als unmittelbare Erscheinung des nicht individualisirten Absoluten, als möglich gelten lässt. Vom concreten Monismus, wie er sich in der Philosophie des Unbewussten darstellt, und wo im Gegensatz zum abstracten Monismus Spinoza's, Hegel's und And., dem empirischen Individuum dadurch, dass dieses Quelle des auf die Sphäre der Vielheit beschränkten Bewusstsein wird, eine relative Unabhängigkeit vom Absoluten zugestanden wird, unterscheidet sich der relative Individualismus Hellenbach's dadurch, dass ihm das An-sich der menschlichen Erscheinung nicht unmittelbar ein Strahl des All-Einen Wesens ist, sondern selbst schon ein Individuelles, selbst schon ein zum mindesten secundäres Phänomen.

Die „Philosophie des gesunden Menschenverstandes" beschäftigt sich wesentlich mit der Frage: was ist das An-sich der menschlichen Erscheinung, was ist das Princip ihrer Genesis, und wie tief liegt die Wurzel ihrer Individualität. Die Frage wird dahin beantwortet, dass das An-sich eine individuelle Seele, diese selbst aber ein Combinations- und Entwicklungs-Product ist.

In Beziehung auf das Bewusstsein, sowie den ganzen Apparat der Erkenntniss, zusammengefasst als Intellect, schliesst sich Hellenbach durchaus an Schopenhauer an: der Intellect ist das Product des Organismus, wächst und vergeht mit diesem. Identificirt man, wie noch häufig geschieht, die Seele, als den Kern des Menschen, mit seinem Bewusstseins-Ich, ein Fehler, an dem auch der Individualismus in der Regel krankt, so wird damit dem Materialismus, der die Seele als ein der menschlichen Erscheinung Vorhergehendes und diese Ueberdauerndes leugnet, zu einem wohlfeilen Siege verholfen.

Die Seele darf nicht mit dem Selbstbewusstsein verwechselt werden; denn wir leben bevor wir zum letzteren erwachen und wir leben, wenn dieses im Schlafe erlischt. Die Seele muss vielmehr als jene Kraftquelle betrachtet werden, welche den Organismus, dessen Product der Intellect erst ist, **aufbaut** und denselben erhält, indem sie die anorganischen und organischen Individuen (Atome und Zellen) zum zweckvollen Zusammenwirken vereinigt.

Während für den Naturalismus der Mensch das Product der zufällig zusammentretenden Atomkräfte, nach Hartmann's concretem Monismus dasjenige der Atomkräfte plus einem teleologischen, die Vielheit der Atomkräfte modificirenden Willensacte — des Archon's — ist, ist der Mensch, nach Hellenbach, gleichzeitig Product und Erscheinungsform eines Seelenorganismus, resp. eines „**Metaorganismus**". Der Mensch, das empirische Individuum überhaupt, ist ein werdendes und vergehendes; das ihm zu Grunde liegende Wesen löst sich mit dessen Tode aber nicht auf, da es vor dem Werden des empirischen Individuums schon da sein musste, und wird durch seine biologische, „verzellte" Erscheinungsform zwar ohne Zweifel in seiner Existenz modificirt, ist aber nicht unbedingt von derselben abhängig.

Die Seele muss ein Wollendes sein, da die menschliche Erscheinung durch und durch als ein Zweckvolles erscheint; obschon ein uns „unbewusstes", d. h. nicht gewusstes, muss sie, da Hell. unbewusste Vernunft nicht anerkennen will, ein bewusstes Wesen sein; dass für uns, die wir nur unser an die Gehirnmaterie gebundenes Bewusstsein kennen, ein freies Bewusstsein unvorstellbar ist, ändert nichts an der Berechtigung der Annahme. Ebensowenig ist die Unmöglichkeit, diesen Metaorganismus sinnlich wahrzunehmen, ein Einwand gegen dessen Materialität, da unser Wahrnehmungsvermögen nur für die tertiären Erscheinungen berechnet ist. Wir können die Atome auch nicht wahrnehmen und die mikroskopischen Forschungen zeigen, welche enorme Anhäufung der Atome und elementaren Molecule es bedarf, damit etwas uns direct sicht- und fühlbar wird

Selbst wenn man annehmen will, dass uns sämmtliche Elementarstoffe bereits bekannt sind, ist nicht zu behaupten, dass Verbindungen solcher nicht möglich sind, die sich uns nur durch ihre modificirende Einwirkung auf die dichteren, die Wahrnehmung ermöglichenden Combinationen bemerkbar machen.

Die Consequenz dieser Annahme einer individuellen Wesenheit und der Verlängerung der individuellen Existenz nach rückwärts und vorwärts ist die Seelenwanderung. Das empirische Leben ist nur eine Form, nur ein Symptom des wahren Lebens. Beim Tode löst sich nur die Verbindung des Metaorganismus mit den zum empirischen Organismus vereinigten Zellen. Mit dieser Trennung erlischt der Intellect als Product der Ineinanderwirkung, die Seele aber lebt weiter, analog dem Subject des wachen Lebens, wenn beim Erwachen aus dem Schlafe das Traumsubject entschwindet. —

Wie die Seele es ermöglicht, sich behufs einer neuen Zellhülle-Organisation eines befruchteten Keimes, als der ersten nöthigen Operationsbasis zu bemächtigen, entzieht sich zwar der Begreiflichkeit, jedoch wird durch diese Annahme erst die naturwissenschaftliche Lehre, dass die Embryonal-Entwickelung der höheren Bionten die abgekürzte, resp. concentrirte Reproduction der Phylogenesis sei, verständlich.

Zu diesem Leben der Seele, welches als eine Entwickelung von jedenfalls tellurischer, wahrscheinlicher aber von kosmischer Dauer angenommen werden muss, möchte sich unser empirisches Leben, unser Bewusstsein und dessen Ich, verhalten wie das Traumleben und Traumbewusstsein zu unserem wachen Leben; diese letztere steht zum Traum im Verhältniss der Bedingung, während das Traumleben relativ zufällig ist, obgleich dessen Ueberflüssigkeit und Entbehrlichkeit nicht zu behaupten ist.

Hellenbach enwickelt diese Seelentheorie vermittelst Polemik gegen den Materialismus (in der „Phil. d. ges. M.-Verstandes"), gegen die moderne Biologie (in „der Individualismus" u. s. w.) und gegen den naiven Realismus der in dem „Schleier der Maja verfangenen Weltkinder" in den „Vor. d. M." spec. in dem III. B.

Gesteht man dem Materialismus zu, dass das „Ich" nicht ursprüngliche präorganische Seele, sondern das Product der Hirnmaterie ist (eine Doctrin, die mit dem Secirmesser zu demonstriren ist, und die ihm zu leichtem Siege über eine antiquirte Naturanschauung verhilft), so tritt die Frage um so dringender in den Vordergrund nach der Kraft, die einen so künstlichen Mechanismus zu schaffen im Stande ist. Ist ein organisirender Gott eine zu entbehrende und daher ungerechtfertigte Hypothese, so ist ein organisirender Kohlen- oder Sauerstoff eine Genügsamkeit, die nahe an Unsinn streift. Die moderne Biologie bleibt die Antwort auf die Fundamentalfrage schuldig. Sie verwechselt die Bedingungen und Mittel der Entstehung und der Entwickelung der Organismen mit dem zureichenden Grunde; sie zeigt die Reihenfolge der Momente der phylogenetischen und embryonalen Entwickelung, aber sie kann nicht den Nachweis der ursprünglichen Kraft erbringen, welche die zweckmässige Anpassung an die äusseren Einwirkungen erst ermöglicht, durch deren Summirung die höheren Organismen erst entstehen. Die Vorsichtigeren unter den Biologen — so H. Spencer und G. Jäger — müssen daher einen letzten unerklärten Rest bestehen lassen: Spencer hat die „physiologischen Einheiten", die als Baumeister wirken, und letzten Endes spukt bei ihm das „Unbekannte" hinein. Jäger muss die Metamorphose neben der Anpassung anerkennen, somit eine innere *vis formativa*, deren Erscheinung die letztere ist. Die Doctrinen der modernen Naturwissenschaft lassen also Raum für die

Hypothese einer organisirenden Seele, als einem individuellen Wesen, einem Metaorganismus. Doch nicht mehr eine blosse Hypothese ist diese Seele für Hellenbach, sondern er glaubt nachgerade den **Beweis der Existenz** in Händen zu haben.

Er argumentirt: Der alte Satz „*nihil est in intellectu, quod antea non fuerit in sensu*" ist unzweifelhaft wahr; wenn nun doch Fälle vorkommen, wo im menschlichen Gehirne Wahrnehmungen entdeckt werden, welche dessen Sinnen schlechterdings unzugänglich waren und sind, so ist damit der Beweis geleistet, dass unsere Sinneswahrnehmungen nur eine bestimmte Wahrnehmungsweise für irgend ein Etwas sei, nicht **aber die einzige** Wahrnehmungsweise; endlich, dass überhaupt „Etwas" da ist, ausser dem nur auf die Sinneswahrnehmungen beschränkten Intellecte, und ohne welches „Etwas" das Gehirn wahrscheinlich auch nicht wahrnehmen könnte (Ind. pag. 116).

Die Thatsache nun, dass ein Wahrnehmen ohne Sinne wirklich stattfindet — und in der Folge noch weit mehr — findet er durch seine Beobachtungen sogenannter medianischer Manifestationen, kurzweg des „Spiritismus" erwiesen.

Die Mittheilungen über die Phänomene, sowie die Erörterungen und Speculationen über dieselben bilden (ausser einer ganz amüsanten Lectüre) einen recht werthvollen Beitrag zur anzustrebenden Klärung dieses dunklen und doch sich der allgemeinen Aufmerksamkeit immer mehr aufdrängenden Gebietes.

Hellenbach ist ein Beobachter, der volles Vertrauen erweckt durch die vorsichtige, alle Möglichkeiten eines Betruges vor und nachher erwägende Art des Forschens. Wer mit uns der Ansicht, dass diese geheimnissumhüllten Vorgänge nachgerade eine Ausdehnung und Richtung genommen, dass selbst, **wenn** sie **Betrug** sein sollten, dieser Betrug, durch den so viele bedeutende Männer getäuscht wurden, um seiner Möglichkeit und seiner Mittel willen selbst ein interessantes Object bildeten, der wird die Hellenbach'schen Schriften mit Befriedigung lesen. Bevor wir uns diesen sogenannten Beweisen des Metaorganismus zuwenden, möchten einige Bemerkungen am Platze sein bezüglich der Metaorganismus-Hypothese als solcher.

Naturphilosophisch scheint sie schon deswegen mangelhaft, weil sie das Grundproblem: wie ein Organismus aus dem Anorganischen entsteht, — oder mit anderen Worten: wie Individuen höherer Ordnung (in diesem Fall die dem empirischen Organismus präexistenten Metaorganismen) durch Zusammenfliessen niedrigerer Individuen (Atom- und Molecul-Indiv.), ohne dass deren Individualität zerstört wird, entstehen können, einfach um einen Schritt zurückschiebt, wenn auch nicht in's metaphysische, so doch in's transcendente Gebiet, in's Reich anderer Seinsformen.

Wir können nicht absehen, warum es zulässlicher sein soll, bei der Genesis der Seele die Eigenkräfte der Atome als hinreichend zu erachten, dass diese Atome spontan ihre Selbstständigkeit einer relativen Unterordnung an einen entwickelungsfähigen Seelenembryo opfern; diese spontane Hingabe der Atomindividuen gelegentlich der Entstehung der empirischen primitiven Organismen aber als unmöglich zu erklären.

Die Unbestimmbarkeit der metaorganischen Natursphäre wird hier zur Trübung, in der gut fischen ist. Wenn angenommen werden muss, dass zur Vereinigung der Atomkräfte, zum Centrum eines höheren Individuums, ferner zur Umgestaltung der Einzelzelle zum mehrzelligen, Organe specificirenden Organismus eine von den primitiven anorganischen Kräften verschiedene Organisationskraft da sein muss, welche die Kräfte von aussen gewissermassen unterjocht, so ist auch nicht abzusehen, warum ein ähnliches Verhältniss nicht auch schon bei der Entstehung des Seelenembryos soll nothwendig sein, wobei dann wieder die Frage offen bleibt, ob man an ursprüngliche Seelenmonaden oder an metaphysische Eingriffe des All-Einen zu denken habe.

Zwar weist die „Phil. d. g. M.-Verstandes" diese Frage entschieden von der Hand, als einem unerforschbaren Gebiete angehörend, doch giebt es noch weitere Bedenken, die sie nicht negiren kann. Es liegt nämlich ein zweimaliger Unterjochungsprocess vor: im 4., resp. im x-dimensionalen und im 3. dimensionalen Raum, d. h. im anschauungstranscendenten und im empirischen Gebiet. Das Atom ist zwar ein einfaches Seinsmoment, unmittelbare Erscheinung des metaphysischen Princips, also ganz nur das, als was es erscheint; dadurch möchte der Eroberungs- und Assimilationsprocess im transcendenten Seelengebiete vereinfacht sein. Dagegen hat die Seele, wenn sie sich auf Grundlage der Ei- und Sperma-Zelle einen empirischen Leib anbildet, es bereits mit Zellindividuen als dem vorräthigen Material zu thun, bei denen also wieder Zellseele und deren Erscheinungsform unterschieden werden muss. Dass die Zelle sich theilt, geschieht aus ihrer eigenen Natur heraus; dass die neuen Zellen sich mit den älteren zum Organ gestalten, statt einen blossen Zellhaufen darzustellen, das soll nun das Werk der an die Zelle herantretenden Seele sein: die Seele hat also Zellseelen zu unterjochen. Die weitere Complication ist, dass analog der Einwanderung der höheren Seele in eine passende Eizelle, als deren Operationsbasis, bei jeder einfachen Zelltheilung eine Einwanderung eines bescheideneren metaorganischen Zellseelchens angenommen werden muss, andern Falls die Zelle als unbeseeltes Gehäuse angenommen, oder aber zur Seelenabschnürungstheorie zurückgegriffen werden müsste, wobei die Entwickelung in die Brüche geht. Hellenbach meint, er mache die Relativität des Individualitätsbegriffes recht eigentlich zur Basis seines Individualismus. Es scheint uns aber eine Unklarheit mit zu unterlaufen; es wird nur der Individualitätscharakter der Organgruppen der Zellen und der Atome der modernen Naturwissenschaft zugestanden, über das Verhältniss derselben unter einander bei ihrer Vereinigung bleibt uns die „Phil. des g. M.-Verst." aber die Auskunft schuldig.

Lässt man jeder Zelle ihre individuelle Besonderheit souverän zu Recht bestehen, wird dieselbe nicht dadurch beeinträchtigt, dass sie Baustein zur Hülle einer höheren Seele wird, so wird unser Leib in seinem Verhältniss zur Seele zu einem fremden Gehäuse, ähnlich wie nach der Auffassung des überwundenen Dualismus von Stoff und Geist. Unser Leib wäre dann wirklich nur der „Zellenfrack", wie Hellenbach ihn einmal in seinem „offenen Briefe"*) nennt, was er doch wohl nur im Scherz will verstanden haben und wobei es um die Erklärbarkeit der Einheit der Leibempfindung als Selbstempfindung übel bestellt wäre.

Als „Möglichkeit" empfiehlt sich der Metaorganismus also nicht unbedingt zur Naturerklärung; wäre jedoch sein Sein als Wirklichkeit bewiesen, so wäre die Möglichkeit damit *eo ipso* gegeben und die Naturforschung hätte zu sehen, wie sie es fertig brächte, die neue mit den alten Thatsachen zu vereinen. Betrachten wir also die „Beweise".

In der „Phil. d. g. M.-Verst." berichtet Hellenbach seine Erfahrungen mit einigen schreibenden Medien, von denen das eine auch physikalische Manifestationen vermit-

---

*) „Slade in Wien."

telte; es war dies die bekannte Lotty Fowler, eine Amerikanerin. Die Leistungen sind die gewöhnlichen: Hin- und Herbewegen leichter Gegenstände ohne Berührung derselben, Schreiben ohne Bewusstsein der Medien oder Beantwortung von Fragen durch Antupfen der Buchstaben eines im Kreise geschriebenen Alphabetes (in diesem Fall vermittelst eines Fächers), wobei nebst vielem bedeutungslosen Zeug, welches aus dem Bewusstsein der Medien entsprungen sein konnte, einzelne überraschende Aussagen vorkommen, die unzweifelhaft eine Art Hellsehen, ein Durchdringen von Raum und Zeit, ein Lesen in dem Gedächtnisschatze der, ohne Reflexion auf dieselben gehegten Gedanken im Gehirn des Fragestellers erkennen lassen.

Dies wurde Hellenbach nun zum Beweis, dass, wenn der oben citirte sensualistische Satz richtig sei — was er annimmt — eine von dem Bewusstseins-Ich verschiedene Seele da sein muss, und zwar mit den Attributen der Intelligenz und des Willens; dass sie in andern physikalischen Seinsformen existirend, auch auf diese wirke, somit vermittelst derselben, auf uns fremde Art, unter Umständen auf die empirischen Dinge zu wirken vermöge. Diese Seele aber, die ihm ihre Existenz über alle Zweifel erhob, war die Seele des Mediums, die sich abnormal äusserte vermittelst der abnormalen Körper-, resp. Gehirnorganisation des Mediums.

Bestätigt und zu bedeutenden Erweiterungen seiner Annahmen berechtigt, sieht er sich durch die in Gegenwart des Amerikaners Henry Slade beobachteten Phänomene, in Verbindung mit den auf dieselben gestützten Speculationen des Professors Zöllner über die vierte Raumdimension.

Hellenbach „experimentirte" — wie er im Anschluss an Zöllner den Terminus etwas frei gebrauchend sagt — mit Slade in Wien in seinem eigenen Hause mit allen nöthigen Vorsichtsmassregeln. Die gewonnenen Erfahrungen und daran anknüpfenden Raisonnements legt er im II. Band der „Vorurtheile der Menschheit" *) nieder. Ausser dem nachgerade bekannten Knotenknüpfen an zusammengesiegelten Bindfaden wurden Gegenstände plötzlich unsichtbar und fielen dann aus der Luft herab, Lehnstühle, auf denen Hellenbach oder seine Freunde sassen, wurden in die Luft erhoben. Es entstand Schrift auf der Innenfläche aufeinandergelegter oder gegen die untere Seite der Tischplatte gedrückter Schiefertafeln; die Schiefertafeln krochen herum oder schwebten; es zeigten sich Abdrücke von Händen und Füssen in Mehl oder auf berusstem Papier; die Hände der Anwesenden wurden gedrückt und zeigten sich nach der Berührung feucht; es wurden auch flüchtig Hände sichtbar; endlich bewegte sich die Magnetnadel im Kreise.

Endlich folgten im Frühling 1880 eine Reihe Sitzungen mit dem englischen Medium Mr. Eglinton, ebenfalls in Wien, zum Theil in Hellenbach's eigenem Hause; hierüber berichtet der III. B. der „Vor. d. M." Ausführliches. Eglinton's Specialität sind die sogenannten Materialisationen und sein Schweben an die Zimmerdecke. In Hellenbach's Gegenwart erschien der Kopf eines Orientalen und zeichnete Eglinton Kreuze mit einem Bleistifte an die Zimmerdecke; durch letzteres ist aber für Hellenbach das wirkliche Fliegen, resp. Schweben noch nicht festgestellt, da es im Dunkeln geschah.

Die Frage: magisches Ereigniss oder Taschenspieler-Kunststück? erörtern wir hier nicht. Vorgänge, wie diese, die unseren anerzogenen und angelernten Anschauungen und den täglichen Erfahrungen so schnurstraks entgegenlaufen, verleiten gar zu leicht dazu, dass man sein Gemüth

---

*) Herbst 1879, Wien, Rosner.

damit zur Ruhe setzt: „ich weiss zwar nicht, wie die sogenannten Medien das könnten gemacht haben, aber — sie werden es schon irgendwie gemacht haben". Eine Ausflucht der Verlegenheit, die Hellenbach mit vollem Recht verurtheilt.

Wir selbst haben keine Erfahrung im Gebiete des Spiritismus, und wo diese mangelt, da ist jede Entscheidung *pro* oder *contra* werthlos; das „*pro*" ist wissenschaftlich unberechtigter Glaube, das „*contra*" schliesst einen Zweifel an der Zurechnungsfähigkeit, Umsichtigkeit oder gar Ehrenhaftigkeit der Berichterstatter ein, die einem Hellenbach, Zöllner, W. Wallace und Anderen gegenüber Beleidigung ist. Eine Berufung auf die Unverträglichkeit mit den Naturgesetzen ist ebenfalls ein Vorurtheil — auch darin stimmen wir Hellenbach vollkommen bei — da diese Vorgänge, wenn sie wirklich sind, eben auch nur vermittelst der Naturgesetze vor sich gehen.

Naturgesetze aber für unmöglich zu erklären, weil wir dieselben noch nicht kennen, möchte späteren Zeiten so unbegreiflich vorkommen, wie uns die Declamationen über die Unmöglichkeit der Erdrotation.

Wir betrachten daher im Folgenden diese Vorgänge, als ob sie Realität wären, wobei aber die Voraussetzung durchaus nicht unser Credo, weder *pro* noch *contra*, sein soll.

Nach den Erlebnissen mit Slade geht Hellenbach einen gewaltigen Schritt weiter. 1. Die Initiative zu den physikalischen Kundgebungen und die intelligente Quelle der schriftlichen Mittheilungen ist ihm nun nicht mehr die Seele des Mediums, sondern das Medium ist ihm nur Vermittelungsorgan für andere Metaorganismen, die sich zur Stunde ohne empirischen Leib im Raume, resp. dessen transcendenten Analogon (Ding an sich) aufhalten.

2. Die „anderen physikalischen Verhältnisse" sind die 4. Raumdimension. Bezüglich derselben bemerkt Hellen-

bach jedoch sogleich, dass das Knotenexperiment, welches Professor Zöllner anfänglich allein schon für hinreichend erachtete *), nicht ausschlaggebend sei, da eine Durchdringung der Materie eben so möglich wäre und das Gleiche leistete. Versuche mit Darmausschnitten und Lederstreifen (statt des runden Bindfadens) sprachen entschieden für das letztere, da die Häute weisse Flecken zeigten, als ob bei der Durchdringung momentane Hitze producirt worden wäre. Dagegen ist ihm das Verschwinden von Gegenständen — in seiner Gegenwart verschwand und erschien wieder ein Buch, in einer Sitzung des Professors. Zöllner ein kleiner Tisch — — und das Entstehen von Schrift und von Fussabdrücken auf der Innenseite von zusammengelegten Tafeln überzeugend, und es ist nicht zu leugnen, dass diese Vorgänge, weil einfacher, auch sprechender sind; auch kann man sie sich durch Analogien leichter vergegenwärtigen. Zum Beispiel: Einem zweidimensionalen Wesen wäre ein mit einer Mauer umschlossener Hof ein abgeschlossener Raum; dem Vogel aber, dem drei Dimensionen zur Verfügung stehen, ist der Hof offen, durch die dritte, die Höhen-Dimension (II. B. „Vor. d. M."). Dem analog möchte der Zöllner'sche Tisch, das Hellenbach'sche Buch, aus dem dreidimensionalen Raume in die vierte Dimension hinausgeschoben worden sein. Die Seele, die auf die Innenseite der aufeinander gelegten Tafeln schrieb, benützte die vierte, offene Dimensionsseite zum Angriff, ebenso jene, die ihren momentan organisirten Fuss auf den gegeneinander gebundenen berussten Flächen abdrückte. Auch für die scheinbare Ueberwindung der Schwere, wie sie in dem Aufheben der Sessel sammt Insassen vorliegt, möchte die 4. Dimension die Erklärung bieten.

---

¹) Siehe Prof. Fr. Zöllner's „Wissenschaftliche Abhandlungen", I. Band, 1878.

Wieder muss die Analogie zum Begreifen helfen: „wenn ich mir die 2. Dimension als Tischplatte denke, auf welcher sich zweidimensionale Wesen bewegen und ich einen Cylinder — sagen wir einen nicht zugespitzten Bleistift — senkrecht auf die Tischplatte drücke, so wäre dieses plötzliche Hinderniss für die zweidimensionalen Wesen kein Cylinder, sondern ein Kreis, weil sie den in die dritte Dimension ragenden Theil des Stiftes nicht wahrnehmen. Wenn wir nun annehmen, dass ein zweidimensionales Wesen die Kraft hätte, eine Scheibe dieser Grösse vor sich her zu schieben und es auf einen für es unsichtbaren Cylinder stossen würde, der sich zufolge seines Gewichtes nicht schieben lässt, so wäre das Wunder fertig für den gewöhnlichen zweidimensionalen Verstand" (pag. 120, II. Bd., „Vor. d. M."). Werden nun durch leichte Berührung des Mediums schwere Gegenstände gehoben, so ist es die vierte Dimension, wo der Hebelpunkt derselben ist, und der vierdimensionalen Anschauungsfähigkeit entspricht die Kraft, auf dieselben zu wirken.

So wenig als sich *a priori* die Möglichkeit der vierten Dimension (resp. n-Dimension), deren Idee nachgerade anfängt, die Köpfe der Mathematiker allgemein in Bewegung zu setzen, bestreiten lässt[*]), so wenig ist gegen die Erklärungsversuche der erstaunlichen Vorgänge etwas einzuwenden, jedoch ist die Erklärung durch die vierte Dimension nicht die einzig mögliche. Wie beim Knotenknüpfen an Durchdringung der Materie, so ist beim Verschwinden von Gegenständen an eine derartige Lockerung der Moleculargruppirung zu denken möglich, dass dieselbe aufhört, Eindrücke auf unsere Sinne zu machen. Hellenbach selbst macht Gebrauch von solcher Verdünnung und wieder plötz-

---

[*]) Vergl. auch E. v. Hartmann: „Kritische Grundlegung des transcendentalen Realismus", pag. 129—132. (Im skeptischen Sinne.)

licher Verdichtung der Materie, anlässlich der unwahrnehmbaren Materialität der Metaorganismen und des plötzlichen Sichtbarwerdens von Händen u. s. w.; und wenn er bezüglich des Verschwindens des Tisches, der Bücher u. s. w. meint, derartige Lockerung der Materie sei zu schwierig vorauszusetzen (III. B. d. „Vor."), so ist das eine durchaus willkürliche Grenzsetzung der magischen Kraft. Eine Kraft, wie die Seele sie in den Fernwirkungen manifestirt, möchte auch dem Gewichte eines Mannes sammt Sessel in nächster Distanz gewachsen sein; und ebenso die Kraft, welche die momentanen Materialisationen fertig bringt, muss auch die Fähigkeit haben, die Materie bis zu dem Grade in ihrem Molecularverband zu lockern, dass sie nicht mehr auf unseren Gesichts- und Tastsinn wirken kann; denn nur bei hochgradiger Lockerung der Materie ist es halbwegs denkbar, dass sie zur flüchtigen Bildung von Händen, Füssen, Gesichtern u. s. w. dem Organismus des Mediums entnommen werden könnte: die Zerstreuung und Wiedersammlung der Molecule eines Artefactes wäre dem Process des lebenden Organismus gegenüber jedenfalls die leichtere Aufgabe. Hellenbach klammert sich an die vierte, resp. n-Dimension, weil er überall materielle Vermittelung voraussetzt, in dem Sinne, dass der Kraftwille vermittelst der vorhandenen Materie auf vorhandene Materie wirken sollte; eine innigere Anlehnung an Schopenhauer, dem der Wille und die Anschauung immer erst vorweg die Materie schafft, möchte der sicherere Weg sein, sich dem Räthselwort zu nähern. Für die momentane Organisation der Hände und Füsse leistet „die Vierte" jedenfalls nichts; man müsste sie als den Schlupfwinkel erachten, in dem der Metaorganismus steckt, und aus dem heraus er zuweilen seine „unverzellten" Extremitäten in die dritte Dimension heraus steckte; eine naive Weise, sich die vierte

Dimension vorzustellen, die der Auffassung Hellenbach's durchaus fern liegt. Nach Schopenhauer ist die Hand der Object gewordene Wille zum Greifen, der Magen der objectivirte Wille zum Verdauen, das Gehirn ungeschauter Wille zum Denken u. s. w.; ein Schopenhauerianer strengster Observanz müsste calculiren: Die abnormalen Willensacte der unbewussten Psyche des Mediums erscheinen dem anschauenden Subjecte als abnormale Gebilde.

Gesteht man einmal der Seele vom Hirnbewusstsein unabhängige Intelligenz, Fähigkeit der Kraft — Willensbethätigung ohne Vermittlung der leiblichen Organe — oder mit abnormaler Benutzung der dieselben constituirenden organischen Materie —, Organisationsfähigkeit mit und ohne Zellmaterial, endlich vierdimensionale Raumanschauung und Einwirkungsfähigkeit auf dieselbe zu, so ist gar nicht abzusehen, warum die Seele des Mediums nicht der Ort der Initiative und die Kraftquelle sein könnte, warum zur Hypothese von leibfreien Bummelseelen gegriffen werden soll, eine Hypothese, die Hellenbach im III. Bande der „Vorurth. d. Menschheit" zwar möglichst wenig benützt sehen will, principiell aber doch festhält, für „gewisse Fälle". In welchem Verhältniss soll die leibfreie Seele zur Seele des Mediums stehen, während sie sich der an den Stoff seines Leibes gebundenen Kräfte bedient? In dem der Unterjochung oder dem sympathischer Association?

Zwischen den Leistungen der gewöhnlichen schreibenden Medien (vermittelst „Psychographen", Fächer, an Tischbein gebundene Bleistift, u. s. w.) und der Schriftenentstehung in der Gegenwart Slade's; zwischen dem Herumwerfen leichter Gegenstände in nächster Nähe der festgebundenen Medien (Lotty Fowler, Eglinton u. A.) und dem fliegenden Tische, den schwebenden Lehnsesseln

Slade's finden nur quantitative Unterschiede bezüglich der thätigen Kraft und der Distanz der Fernwirkung statt *). In beiden Serien der Phänomene ist das charakteristische Moment die Fernwirkung; und diese wird von Hellenbach in vollem Umfang (über jene mit dem Atomismus an und für sich gegebene Anerkennung hinaus) acceptirt; beschränkt man dann ferner die empirische Erfahrung auf ein so enges Gebiet des Seins, wie das Hellenbach'sche erkenntnisstheoretische Credo thut, so hört vorläufig jede Grenzbestimmung, innerhalb welcher eine magische Kraft wirksam zu denken sei, auf.

Hellenbach berichtet ebenfalls über den dänischen Magnetiseur Hansen **), den er im Frühling 1879 in Leipzig, sowohl in der Oeffentlichkeit als im Privatkreis wirken sah (I. und III. Bd.). Hansen versetzt Menschen durch blosses Fixiren oder leichtes Streichen mit der Hand in die Wachsstarre; schliesst ihnen die Augen, raubt ihnen das Gedächtniss oder auch die Fähigkeit zu sprechen; sie gehen, sie bewegen sich, wie er will, und er hebt endlich die Wirkung momentan durch seinen blossen Willen wieder auf.

Man nennt dies thierischen Magnetismus, oder geringschätziger auch Hypnotismus — Worte, wo ein Begriff fehlt. Die Physiologen haben uns den in diesem Falle so bequemen „Nervenäther" oder das „Nervenfluidum" in die Rumpelkammer verwiesen; es bleibt kaum etwas anderes übrig, als wieder zur Willensphilosophie zu flüchten, da die Polarisationstheorien der Naturwissenschaft in diesem Falle nicht ausreichen.

---

*) Verschiedene Medien haben verschiedene Umkreise ihrer Wirkungsfähigkeit, z. B. Lotty Fowler 3, Slade 6, Eglinton noch mehr Fuss. III. Bd. „Vor."

**) Vergl. „Leipziger Nachrichten", 6. April, und „Dresdener Nachrichten", 22. April 1879.

Hansen hat als Objecte Menschenleiber (speciell deren Nervencentralorgane), Slade hat Magnetnadeln, Tische, Bücher und Schiefertafeln; der Erstere hat genau im Bewusstsein, was er will, der Letztere hat im Bewusstsein nur, dass irgend etwas Sensationelles geschehen soll. Hansen glaubt an seine magnetische Kraft, Slade an die Yankee-spirits. Beide wirken auf Dinge, auf Entfernung ohne Organ oder irgend welche andere sichtbare mechanische Vermittlung. Es kommt Hellenbach nicht in den Sinn, Hansen's Seele mit einer anderen, des Zellenfracks ledigen im Compagniegeschäft zu erachten, warum also Slade gegenüber?

Bei Beiden möchte die bewusste Vorstellung die unbewusste Seele in Action setzen, indem sie das Motiv bewirkt. Dass der Intellect Slade's dabei weder von der allfälligen vierten Dimension, noch von der Fähigkeit der Fernwirkung seiner Seelenkräfte so wenig weiss, „als ein Zulukaffer", schadet nichts, wenn nur seine Seele einen darauf gerichteten Willensinhalt hat; die Biene weiss auch nichts vom Sechseck, wenn sie die Zelle so zierlich baut.

Hellenbach gibt uns an verschiedenen Stellen seiner Schriften, besonders aber im Cap. X, Bd. II. der „Vorurtheile" eine Reihe ganz interessanter Antworten schreibender Medien, von denen er überzeugt ist, dass sie nicht aus dem Intellect des Mediums stammen. Das besonders Interessante daran ist, dass häufig die Antworten derart lauten, dass sie Hellenbach's naturphilosophische und erkenntnisstheoretische Anschauungen, ja auch seine Seelentheorie bestätigen.

Hellenbach selbst bemerkt dies, und knüpft daran die Warnung, sich durch die zuweilen sinnreichen Antworten nicht verführen zu lassen, sie für massgebende Offenbarungen zu halten, wie der anglo-amerikanische Spiritismus thut. Da es für Hellenbach's Ansicht über die

Natur des Metaorganismus bezeichnend ist, so citiren wir hier eine Stelle bezüglich des Einwurfes: der viele Unsinn, der von den schreibenden Medien zu Tage gefördert werde, spreche für Betrug. Hellenbach meint, die Seelen sind durch unsere Verständnissfähigkeit eingeschränkt und müssen sich unserer Begriffe zur Mittheilung bedienen; aber auch abgesehen davon, dass wir in Folge dieses nothwendigen Ineinanderwirkens (von transcendenten Seelen und empirischem Intellect), nicht reinen Wein erhalten können, so bleibt noch die Frage offen, ob selbst der reine Wein etwas taugt.

„Wenn wir uns vorstellen, dass eine zweidimensionale Welt an uns mit Fragen über die Naturphilosophie herantrete, so ist die Wahrscheinlichkeit ein Millionstel, dass sie auf einen geeigneten Sachverständigen stossen würden; denn mit einseitig gebildeten Fachgelehrten wäre da nicht gedient und mehr als 1500 naturwissenschaftlich gebildete Philosophen oder philosophisch gebildeter Naturforscher von selbstständiger Denkungsart dürfte der Planet kaum zählen. Dieses eine Millionstel müsste aber noch mit einer Grösse multiplicirt werden; denn schon Plato hatte die Ansicht, dass die reine Seele dem ihr mehr verwandten sich zuwende, während die tiefer stehende körperlicher und unserem irdischen Dasein näherstehend zu betrachten sei. Wenn das so wahr ist, als es wahrscheinlich ist, so hätten wir den Bodensatz zur Verfügung, während der leichtere Alkohol uns immer unerreichbar wäre." („Vorurtheile" II. Bd. pag. 266).

Entschliesst sich Hellenbach, zu seiner anfänglichen Anschauung zurückzukehren, d. h. die Seele des Mediums als das wirkende Subject aller Erscheinungen, also auch als die Quelle der intellectuellen Mittheilungen anzusehen (nach dem III. Bd. der „Vorurtheile" ist dies zu erwarten) so wird die im Ganzen so leichte Qualität der Manifestationen noch begreiflicher sein.

In den oben erwähnten Fällen hätten wir also ein Hellsehen in der Form, dass die Seele in einem fremden Gehirne liest, aber nicht sowohl in dessen momentanen Gedanken — was auch undenkbar wäre, da die subjectiven Gedanken als etwas stets Werdendes nur ideale Realität für's Subject haben — sondern in dessen latentem Gedächtnissschatze. Hellenbach scheint in dem II. Bd. der „Vorurtheile" auch in diesem Falle den directen, zwischen Seele und Seele an die vierte Dimension, als Thor und Brücke zwischen den Seelen, zu knüpfen, während nach den Anschauungen, die im III. Bd. zur Geltung kommen, es vielmehr die Fernwirkung ist, wobei eine abnormale Kraft der activen Seele (Metaorganismus des Mediums) im Durchdringen anderer Seelensphären, nebst gesteigerter Empfindlichkeit für deren Kraftausstrahlungen vorauszusetzen wäre. Mit der entschiedenen Acception der Fernwirkung (auf Grund der Verwerfung der Aethertheorie) wird die vierte Dimension als Pfad und Schrankenbrecherin zwischen den getrennten Seelen, wofür sie anfänglich, freilich unberechtigt ·gehalten wurde (denn die vierte Dimension wäre doch wohl ebensogut Grenze wie Brücke), entbehrlich.

Einem dreidimensionalen Körper wäre die zweidimensionale Fläche allerdings durchdringlich; Körper aber ist dem Körper Grenze. Nun ist ja nach Hellenbach Alles als Ding an sich vier-, resp. x-dimensional, und erscheint nur uns dreidimensional; also würden auch die weiteren Dimensionen helfen, die Grenze zwischen Individuum und Individuum zu bilden. Lockerten sie aber wirklich diese Scheidung, dann wären sämmtliche Beweise für die vier-, resp. x-Dimensionen gleichzeitig Instanzen gegen den Individualismus, da dieser ja gerade behauptet, die

Geschiedenheit reiche hinter die empirische, phänomenale Abgrenzung in das Wesen der Dinge hinein. Es liegt wohl nicht allein an der persönlich eigenartigen Veranlagung oder gar an Reminiscenzen an die Ammenstube, dass Schopenhauer in der „Parerga" so tolerant gegen Geistergeschichten und das ganze mystische Gebiet ist; er besitzt eben in seinem stricten Willensmonismus die Zauberformel all' diesen scheinbaren Spuk in System zu bringen, ohne dass darüber die positiven Errungenschaften der Naturwissenschaften geopfert werden müssen. Wären die sämmtlichen Erscheinungen des „Spiritismus" Realität, so bildeten sie ein glänzendes Inductionsmaterial für einen Monismus des Geistes.

Hellsehen und Fernwirkung sind das sämmtlichen mystischen Erscheinungen Gemeinsame; sind die individuellen Seelen sammt deren Leib und Intellect nur Wellen im Ocean einer Alt-Psyche, so hört jenes auf, ein Räthsel zu sein, und das Problem spitzt sich dahin zu: welches sind die Bedingungen der abnormalen Wellenbildung und die mit derselben gesetzten materiellen Momente der Vermittelung der Wellenkreuzungen?

Mit dem angeblich positiven Beweis für die reale Existenz des Metaorganismus, als dem transcendenten Individuum, ist es jedenfalls noch übel bestellt. Wie Hellenbach im III. Bande der „Vor." das Gebiet einschränkt, wo die 4., resp. n- oder x-Dimension als zur Erklärung unumgänglich herangezogen werden muss, so muss er auch die Zahl der Fälle einschränken, wo er sich berechtigt glaubt, einen von der Seele des Mediums verschiedenen Metaorganismus als Urheber der Erscheinungen anzunehmen. Vermittelst der Fernwirkung und des von dieser in Abhängigkeit stehenden Hellsehens (welches man ja auch für die leibfreien Seelen erst recht nicht entbehren konnte), glaubt er nun die allermeisten Vorfälle erklären zu können, und polemisirt nunmehr selbst gegen die Auffassung der Spiritisten (Walace, Crookes), die er, nur wenig modificirt dadurch, dass er an Stelle der „*spirits*" den Metaorganismus setzte, noch im II. B. selber vertrat.

Die Erscheinungen des Spiritismus, wie des animalischen Magnetismus und die Kraft, hypnotische Zustände ohne äussere Mittel hervorzurufen, deuten auf eine Seele hin, deren blos einseitige Erscheinung der Intellect ist; auf die leibfreie selbstständig existenzfähige Seele weisen sie nicht hin, so lange ein Medium oder ein Magnetiseur erste Bedingung sind. Sind aber zu den spiritistischen Erscheinungen nicht zwei Individuen, eine leibfreie Seele und die mit seinem Körper und Intellect verbundene Seele des Mediums nöthig, dann sind auch diese Erscheinungen kein Beweis, dass die Individuation nicht auf die Sphäre des empirischen Lebens beschränkt sei, sondern es ist um so denkbarer, die Seele des Mediums im Besitze so eigenthümlicher, das normale Mass übersteigender Kräfte anzunehmen, je unmittelbarer diese Seele ein Strahl der in die gesammte Natur ergossenen All-Psyche ist.

Selbst wenn die Thatsächlichkeit des Spiritismus in vollem Umfange festgestellt wären, bildete derselbe im Kampfe zwischen der monistischen und individualistischen Naturanschauung höchstens nur ein neues weiteres Streitobject, dem gegenüber die Chancen des Monismus erheblich grösser wären, als die des Individualismus.

Die Berechtigung des Hellenbach'schen transcendenten Individualismus, im Interesse der practischen Philosophie (Ethik) acceptirt zu werden, hängt also jedenfalls noch davon ab, welchen Dienst die Metaorganismus-Hypothese gegenüber der Frage nach der Entstehung des empirischen Menschen leistet. Sie leistet nun gerade, was der bewusste Weltschöpfer, der Demiurgos leistet: nämlich für den Glauben Alles, für die Naturwissenschaft Nichts.

Nachdem man Alles, was man braucht, dem Princip als Prädicat zugetheilt hat: Intelligenz, Hellsehen, Freiheit des Willens, die Kraft, die Atomkräfte zu überwältigen, deren Wirkungsrichtungen zwar nicht aufzuheben, aber zu modificiren, Ungebundenheit durch die empirischen Formen der Räumlichkeit und Zeitlichkeit u. s. w., ist es wahrlich leicht, nun alles Empirische widerspruchslos aus dem so präparirten Princip hervorgehen zu lassen. Fragen wir nun aber nach der Möglichkeit, wie ein Product der Atome solcher Götterkräfte theilhaft werden konnte, fragen wir nach der Berechtigung der Prädicabilien, so wird uns der Bericht: diese Philosophie — die Philosophie des gesunden Menschenverstandes „kümmere sich nicht um die Provenienz, sondern nur um die Existenz des Principes" — welchen Beweis zu bringen ihr vorläufig jedenfalls noch nicht gelungen ist.

C.

Hellenbach hat keine Metaphysik im älteren Sinne des Wortes. Sein Individualismus bewegt sich in dem Gebiete der objectiven Erscheinung (im Sinne Schelling's, v. Hartmann's), dessen Ausfall bei Schopenhauer er rügt. Hier in diesem Zwischenreiche wirken die Atome, die bekannten und unbekannten, weil auf unsere Sinne nicht einwirkenden Elementarstoffe; hier entsteht der Metaorganismus und krystallisirt sich seinen Zellenfrack an, dessen Efflorescenz das Bewusstsein und Selbstbewusstsein hinüberleitet in die empirische Welt, die Welt der subjectiven Vorstellung. Ob der tiefste Grund des Seins der Wille Schopenhauer's, das Unbewusste Hartmann's oder der Gott des Theismus sei, darüber streitet die „Philosophie des gesunden Menschenverstandes" nicht. Das letzte Erkennbare (für's Denken) sind die Atome, deren Product alles Andere ist, und die Annahme eines Dualismus (der Action, sollte beigefügt sein), eines gleichzeitig objectivirten und nicht objectivirten Willens ist eine Complication, „welche die Aufhebung der stets gleichen Summe der Kräfte und der Allgemeingültigkeit der Naturgesetze involviren würde; eine Unzulässigkeit, die man dem materialistischen Dogma beistimmend zugeben muss".

Gelegentlich dieses Punktes unterlässt Hellenbach, sich darüber in's Klare zu setzen, ob der Satz „alle Kraft ist Wille" auch den andern „jeder Willensact ist Kraft" unbedingt einschliesse oder nicht. Ferner übersieht er, dass auch bei der Annahme sogenannter „metaphysischer Eingriffe" die Ausnahmslosigkeit der Naturgesetze nicht gefordert ist, wenn man diese Eingriffe als selbst durchaus logisch gesetzlich und ihr Eintreffen schon in den empirischen Naturgesetzen, als deren constitutive Momente vorhanden betrachtet.

Der schwächste Punkt des sogenannten relativen Individualismus ist aber nach unserer Ansicht, dass Hellenbach den menschlichen Organismus (sammt Bewusstsein und Intellect) zum Phänomen eines Phänomens macht. Indem er das Absolute zurückschiebt, das Mittelreich der objectiven Erscheinung spaltet, in die unerkennbar-transcendente Welt der Metaorganismen und in die vermittelst des Intellectes, in dessen Spiegel wenigstens bruchstückweis anschaubare Welt der Organismen, macht er die letzteren zu Producten von Producten, zu wesentlichen Artefacten eines selbst schon secundären Phänomens. Dieser Individualismus basirt auf dem Irrthum, dass „Phänomena ebenfalls andere Phänomena hervorrufen können, wie wir unsere Werke." (Individualismus pag. 126.) Es ist eben nicht wir, welche die Werke hervorbringen, sofern wir nur Phänome sind, sondern unser Wesen, das Grundwesen bringt hervor, welches auch das Wesen unserer Werke ist, zu dem wir uns eigentlich nur als das formgestaltende Werkzeug verhalten. Wir müssen unsere Werke nur deshalb unsere Werke nennen, weil die Ideen derselben gleichsam aus der unser An-sich bildenden Idee herauswachsen, und in dem unser Bewusstsein bildenden Knotenpunkte zu bewussten Ideen des erst noch zu Realisirenden werden. (Im Gegensatz zu den Ideen der Naturdinge, die erst nach der Realisation in der Materie in dem diese anschauenden Subjecte zum Bewusstsein kommen.)

Phänomen zu Phänomen steht auf objectivem Gebiet nie im Verhältniss von schöpferischem Grunde, sondern sie bilden nur immer Entwickelungsreihen. Zugegeben, dass der Kern des empirischen Menschen ein aus den Atomen spontan entstandener Metaorganismus, zugegeben, dass dessen Vorhandensein die Bedingung sei, dass die Zellwucherung, Organbildung und der Stoffwechsel anheben können, zugegeben endlich, dass diese primäre Verbindung der Metapsyche den Zerfall des empirischen Organismus zu überdauern und in eine neue Eizelle zu schlüpfen vermöge, um von hier aus weiter zu organisiren, so ist doch dieser Metaorganismus nie als schöpferisch im philosophischen Sinne des Wortes aufzufassen.

Das Wesen des Atoms ist das unbekannte grosse X, das Wesen der Psyche wäre ebenfalls das grosse X, (denn diese Seele ist ja nur modificirte und combinirte Action der Atomobjectivationen) und endlich ist das Wesen des Menschen ebenfalls das grosse X. Nur sofern sind Psyche und Atom sein „Grund", als ohne vorhergehende Individuation als solche, das grosse X nicht als letzterer erscheinen könnte. Atom, Metaorganismus (Seele) und Organismus können nur eine Entwickelungsreihe bilden. Es finden sich im III. Bande Wendungen, wo die Phänomenalität unserer empirischen Welt auf eine Art betont wird, dass dem einen oder andern Leser scheinen möchte, die soeben gemachten Einwendungen berührten Hellenbach nicht, indem derselbe nicht mit vier, sondern nur mit drei Reihen rechne. Man kann versucht sein zu glauben, die subjective Anschauung unseres Leibes und die mit derselben Hand in Hand gehende Empfindung unserer selbst, als des empirischen Individuums, sei unmittelbar die Erscheinung der Seele, des Metaorganismus; der Zellenorganismus sei mit seinen dreidimensionalen Bestimmungen nur unsere subjective Anschauung, unser kephaloskopisches Bild, dessen Ding an sich unmittelbar der Metaorganismus, oder wie es noch irreleitender im III. B. gewöhnlich heisst: das intelligible Subject sei. Damit wäre aber die ganze Naturauffassung, wie sie in Hellenbach's ersten Schriften dargestellt ist, umgestossen. Wir müssen daran festhalten, dass Hellenbach vier Reihen unterscheidet: 1. die Welt als subjective Vorstellung, d. h. die empirischen Subjecte, wie wir sie als dreidimensionale Bilder unserer Sinne sehen und in uns selbst empfinden; 2. das unmittelbare Ding an sich dieser Vorstellung, d. h. ein Zellorganismus in vier, resp. x-Dimensionen, der Träger der empirisch wahrnehmbaren Kräfte; 3. der Metaorganismus, ebenfalls ein aus materiellen Kräften combinirtes Gebilde, welches sich den Zellenleib anbildet wie eine rauhere Hülle, welcher aber unabhängig von dem in letzterem entstehenden Gehirne eine eigene Intelligenz besitzt sowie die Fähigkeit, unter Umständen auch anders zu organisiren als in Zellen (Materialisation der Spiritisten). Endlich 4. die Atome, aus denen der Metaorganismus besteht. Sätze wie die folgenden, möchten irreleitend sein: „Das Subject in mir und alle Atome in meinem Körper und der Welt sind nicht dreidimensionale Gebilde, sondern vier- oder x-dimensionale Wesenheiten, wohl aber sind sie dreidimensionale Gebilde unseres Vorstellungsapparates, sie sind gesehen und erzeugt durch den Organismus." Und weiter, wo von der Aehnlichkeit der alten Dreitheilung des Menschenwesens mit seiner Theorie die Rede ist: „unter Geist verstand man das intelligible Subject, unter Seele den Metaorganismus; den Leib betrachtete man als etwas materielles, ein drittes, und doch ist er nichts weiter, als der in Zellen dargestellte Metaorganismus." (III. B. pp. 68, 106.) Das „Dargestellt" darf aber ja nicht im Sinne von „Vorgestellt" verstanden werden, denn wenn unserem vorgestellten Leibe nicht unmittelbar ein Seiendes von derb stofflicher Beschaffenheit, der Vorstellung in jeder Hinsicht mit Ausnahme der weiteren räumlichen Gestaltungen (die noch nicht gespiegelt werden), entsprechend, so wäre es nicht nöthig, die Materialität des Metaorganismus zu betonen. Materie ist nach Hellenbach angeschauter Wille; nun ist der Metaorganismus uns unanschaubar; folglich ist er nur der Möglichkeit, nicht der Wirklichkeit nach materiell, d. h. wir müssen ihn uns aus solchen Kraft-Willen combinirt denken, die jene gewissen Momente des Inhaltes in sich schliessen, die unter Umständen (hinreichend dichtes Zusammentreten der Molecula u. s. w.) zur Anschauung, also zum Erscheinen als Materie qualificiren. Diese Eigenschaft aber müssen wir ihm nur deshalb zuschreiben, damit er in natürlicher Wechselwirkung mit seiner Zellhülle gedacht werden kann.

Ganz anders möchte es sich gestalten, wenn Hellenbach künftighin mit dem in seiner letzten Publication (d. III. B. d. „Vor.") auftauchenden Gedanken der O-Dimension Ernst zu machen versuchte; in diesem Falle müsste eine gründliche Revision der Seelentheorie stattfinden, und wäre der reale Zellorganismus als Ding an sich unserer dreidimensionalen Vorstellungswelt und Product des ebenfalls materiellen Metaorganismus durchaus unhaltbar; die

Seele, das intelligible Subject, müsste das unmittelbare Ding an sich meiner Vorstellung meiner selbst sein. So klar und entschieden Hellenbach den erkenntnisstheoretischen Standpunkt des transcendentalen Realismus erfasst durch die Unterscheidung der Phänomenalität von Raum, Zeit, Materie und Ich, bei Festhaltung der denselben zu Grunde liegenden und sie causal bestimmenden realen Correlate, so unklar ist er bezüglich der Stellung, die den verschiedenen Stadien des Menschenwesens zukommen. So wird z. B. der Complication nicht gedacht, die daraus entsteht, dass der Metaorganismus, obgleich in normalen Organisationen u n s unbewusst, doch für sich bewusst sein soll, d. h. als intelligibles Subject nicht nur Subject der Thätigkeit, sondern Bewusstseinssubject; wodurch aber wieder eine Spaltung stattfinden würde: der Metaorganismus wäre an sich real, und für sich ideal; sein Product aber, der Zellenorganismus wäre für ihn nur Vorstellung; also wäre er in doppelter Sphäre ideal gespiegelt: als Vorstellung für den Metaorganismus und als kephaloskopisches Bild für sich selbst. Und diese Complication, welche zum Bewusstsein gebracht, so recht geeignet ist, die Unzulänglichkeit der Behauptung zu zeigen: dass ein Phänomen ein anderes hervorbringen könne — dieses wiederholt sich nun bei den Individuen aller Stufen, deren Vielheit erst das Material des höheren, speciell des menschlichen Individuums ausmachen. Das „Phänomen eines Phänomens" ist unhaltbar; will Hellenbach darauf bestehen, die menschliche Erscheinung loszulösen vom monistischen Urgrund alles Seins, so muss er das Atom nicht als individualisirten Willensact des All-Einen (mit Hartmann), sondern (mit Mainländer) als Bruchstück der Einheit oder (mit den Pluralisten) als Monade annehmen; oder aber er müsste, wenn ein relativer Individualismus relativen Monismus aufrecht erhalten werden sollte (um der Schwierigkeit des influxus physicus willen) die Psyche zur abgeleiteten Substanz der Scholastiker aufblähen. Fühlt er sich hiezu nicht berechtigt, dann ist auch seinem Metaorganismus in keinem höheren Grade die Individualität zuzurechnen, als den empirischen Individuen verschiedenen Rangordnungen. Wie diese wäre er Erscheinung des All-Einen, ein Brennpunkt vieler differencirter Willensacte.

* * *

Von den bisherigen individualistischen Systemen kritisirt Hellenbach in Kürze diejenigen Leibniz', Herbart's, Drossbach's und Mainländer's. Bahnsen's erwähnt er nur, um auf die Kritik seines Standpunktes durch v. Hartmann zu verweisen.

Bezüglich Mainländer's stimmt sein Urtheil mit dem unsrigen darin überein, dass unter dessen Prämissen den höhern Lebedingen die Individualität in keinem höheren Sinne zukömmt, als nach demjenigen des atomistischen Naturalismus.

Die älteren Individualisten suchen den Schwerpunkt des Individuums in das Bewusstseins-Ich zu verlegen; mit der dem Materialismus gemachten Concession ist in der Hauptsache ihr Urtheil gefällt. In diesem Punkte steht also Hellenbach wirklich E. v. Hartmann näher als den Individualisten.

Das vorhin erörterte Moment aber reisst eine tiefe Kluft zwischen ihn und die Philosophie des Unbewussten, was er gerade bezüglich dieses Punktes übersieht.

Die Stellung des menschlichen Bewusstseins wird eine wesentlich andere, wenn seine Factoren ein unmittelbarer Willensact des All-Einen-Unbewussten und die organisirte

Materie ist, oder die letztere und eine an sich bewusste Seele, oder endlich, ob es — und auch hierüber sind die Aussagen Hellenbach's schwankend — nur Product der künstlichen Hirnmaschinerie ist. Auch die Teleologie ist eine andere bei Hellenbach als in der Philosophie des Unbewussten; sie ist nur Zweckwollen bewusster organischer Einzelwesen; von der Teleologie, wie sie auch die mechanische Weltanschauung anerkennt, nur dadurch verschieden, dass Hellenbach weitere Reihen bewusster Subjecte nachweisen zu können vermeint, nicht aber principiell dadurch, dass sie auch die anorganische Natur als Mittel zur Geistwerdung der Natur im weitesten Sinne betrachtet.

Zu den positiven Religionen verhält sich die „Philosophie des gesunden Menschenverstandes" ziemlich ablehnend. Ein Absolutes, das uns unmittelbar nur in den mechanisch wirkenden anorganischen Kräften vorstellbar sein soll (Atome als erste Objectivation) scheint kaum geeignet, zum Gotte umgewandelt zu werden. Hellenbach denkt beim Begriffe Gott nur an den persönlichen Gott des Theismus oder den bewussten ausser seiner Welt stehenden Weltschöpfer des Deismus; der Gott des Pantheismus — „wo Gott in allem Ungeziefer wirkend soll gedacht werden" — ist ihm unsympathisch. „Wer über die Ursache oder über den Zweck der Welt im Unklaren ist, greift leicht nach einem Gotte, weil die Gottheit immer da anfängt, wo das Begründen aufhört." Als zwecksetzende Ursache der zweckvollen Organismen braucht die Philosophie des gesunden Menschenverstandes keine Gottheit; es müsste in der anorganischen Welt des mechanischen Geschehens sich eine zwecksetzende Vernunft zeigen, damit auf einen Gott könnte geschlossen werden.

Der Beweis, dass es eine Vernunft gab, die der Schöpfung voran ging, möchte durch das „bessere Verständniss der Naturkräfte und die glückliche Entdeckung eines genialen Kopfes geliefert werden;" bis dies geschehen, möge man jener Südsee-Insulaner gedenken, die an viele Götter glauben, in deren Hintergrund aber ein unendlicher Gott existirt, an den man nicht denke, sich gar nicht mit ihm beschäftige, weil er zu erhaben ist, ein Glaube, der „gar nicht ohne" sei. Doch weist Hellenbach den Vorwurf des Atheismus entschieden von der Hand: „ich ignorire die Gottheit, nicht weil ich ihre Existenz bestreite, sondern weil sie zu erhaben ist." „Meine vermeintliche Gottlosigkeit entspringt dem Gefühl meiner Ohnmacht." (Vorurtheile II.)

Nur die Religionen, die behaupten, ein Wissen von Gott zu sein, werden abgelehnt, nicht die, die nichts sind als Glaube und nichts anderes sein wollen. Der Segen des Glaubens beruht darin, dass er die Menschen auf ein Jenseits des empirischen Lebens blicken lässt, sie abzieht von der Sorge für's blosse animalische Leben. Die Kirche allein ist für Viele der Ort „wo sich der Unterschied zwischen Thier und Mensch nicht blos als ein gradueller, sondern principieller offenbart".

Die Quellen, woraus die Offenbarungen fliessen, sind das Unbewusste (d. h. das uns Unbewusste), d. h. die Seelen in ihrer Leibfreiheit. „Es ist ein Vorurtheil zu glauben, die Offenbarungen der Religionsstifter seien directe Eingebungen der Gottheit, aber es ist auch Vorurtheil alles für bewusste Täuschung oder Trug auszugeben." Die Folge des Ursprunges ist, „dass alle Religionen darin übereinstimmen, dass sie ein dieses Empirische überdauerndes Leben lehren, abweichen aber in Beziehung auf das Wesen der Gottheit". Die Propheten sind gleich den Medien abnormale Naturen. „Was haben die alten Propheten gethan? In dunklen Worten Moral gepredigt, unverständliche Kosmologie gelehrt, Kranke manchmal wirklich geheilt, viele

falsche und einige wahre Prophezeiungen gemacht; also
genau dasselbe gethan, was auch die modernen Medien in
wenig veränderter Weise thun", und diese Kundgebungen,
die im gewissen Sinne ein Uebernatürliches sind, sind doch
auch recht eigentlich ein natürliches.

Den Propheten und Heiligen sind auch die Hexen
nahe verwandt. Den Schlüssel zum Verständniss gibt auch
auf diesem dunklen Gebiete der Spiritismus.

Bei dieser Auffassung der geoffenbarten Religionen
kommt eines gar nicht in Rechnung, und das ist: das sich
in der Allgemeinheit entwickelnde religiöse Bewusstsein,
welches den Offenbarungen der Propheten entgegen kommen muss, den Brennstoff darstellend, der vorhanden sein
muss, wenn der von aussen kommende Funke zünden soll.
Der Prophet ist nicht allein Bringer neuer Ideen und Erstlingskind einer neuen Zeit: er ist auch gleichzeitig die
Stimme seiner Zeit; sein religiöses Bewusstsein die Quintessenz des Bewusstseins seines Volkes, dessen Seele aus
seinem Munde spricht. Ist er diess nicht, so ist er kein
echter Prophet, so bedeutend seine Leistungen auch sein
mögen, und obgleich dieselben Ideen an anderen Orten und
zu anderen Zeiten vielleicht zündend wirken, wenn nur
eben erst „ihre Zeit gekommen ist".

Der Individualismus hat keine Erklärung für das
gemeinsame Werden in der Volksseele, welch' letztere ihm
nur ein abstracter summarischer Begriff ist; unter der Voraussetzung eines Individualismus in der vorliegenden Form
aber, wo der Mensch nur Product eines Phänomens sein
soll, ist Religiosität im echten Sinn des Wortes, wonach
das Verhältniss des Menschen zum Absoluten und vice-versa
bezeichnet ist, nicht denkbar, da das Ich in keinem directen Verband zum Absoluten steht, sein „höheres Wesen"
eigentlich nur sein eigener Metaorganismus ist.

D.

Hellenbach's axiologische Weltanschauung ist ein Ineinandergefüge von Optimismus und Pessimismus. Für die empirische, biologische Welt, für das Bewusstsein auf der Stufe unserer Organisation, ist der Pessimismus in seinem vollen Rechte. Unter der Voraussetzung der Wahrheit seines Individualismus aber gestaltet sich die Gesammtweltanschauung optimistisch, denn diese empirische Welt, „meine Welt", die „Welt als Vorstellung" ist „wie mein Ich" nur der Reflex einer anderen, tiefer gelegenen Welt; daher der Pessimismus nur für meine Welt richtig, hingegen für das meiner — von mir vorgestellten — Welt zu Grunde Liegende fraglich ist." (Ph. d. g. M.-V. p. 287.) Nur „wenn Anfang und Ende unseres Bewusstseins auch Anfang und Ende der individuellen Function wären, hätte Schopenhauer recht: es wäre dann besser die Welt bestände nicht". (Ind. p. 1.)

Ist aber das empirische Leben nur eine vorübergehende Entwicklungsform, die zu der Existenz des eigentlichen Seelenindividuums nur im Verhältniss einer Erziehungszeit steht, deren Empfindungen nur die ephemere Bedeutung der Traumempfindung im Verhältniss zu unserem wachen Bewusstsein haben, so ist für die Seele die Welt eine berechtigte, und unsere Existenzform sammt aller ihrer Schmerzen mag für sie ein Gut sein.

Eine weitere Gliederung findet dadurch statt, dass Hellenbach's empirischer Pessimismus der Welt als Vorstellung seinerseits einen evolutionellen Optimismus einschliesst, der wieder in Relation zum transcendenten Optimismus steht.

Es wird unterschieden zwischen denjenigen Ursachen der leidvollen Beschaffenheit des irdischen Lebens, welche unmittelbar durch die physikalischen Verhältnisse und die physiologisch-psychische Organisation gegeben sind, und solchen, welche nur durch den momentanen Stand der historischen Entwickelung, d. h. die von demselben in Scene gesetzten socialen und politischen Verhältnisse erzeugt werden.

Es ist dies also diejenige Gruppe von Uebeln, welche das Object des sogenannten „Entrüstungspessimismus" des Socialismus bilden. Diese können und müssen corrigirt werden durch die sittliche That, die von der Erkenntniss durchleuchtet wird, dass diese Uebel nicht unabänderlich, sondern Resultate des Egoismus sind, der das wahre Wesen seiner selbst verkennt, indem er seine Erscheinung für absolut nimmt, und dadurch sich selbst in seinen künftigen Incarnationen schädigt. Indem die Entwicklung der empirischen Lebensformen durch Steigerung der Cultur gefördert wird, verbessern sich die Chancen für die nächste Organisationsstufe. „Jede That, durch die wir zur Cultur, sei es unseres Körpers, Geistes oder Gemüthes, sei es der fremden organischen oder anorganischen Aussenwelt, beitragen oder aber hindernd in den Weg treten, ist von ewiger folgenschwerer Wirkung für dieses organisirende Princip, das durch die kleinsten Schritte und die grössten Zeiträume die Welt zum Wunder macht." „Mit dem ewigen Lohn und der ewigen Strafe hat es so genommen seine Richtigkeit, wenn auch ohne Petrus und ohne letzten Posaunenstoss" (Philosophie des gesunden Menschenverstandes, pag. 288). Der practische Theil der Philosophie des gesunden Menschenverstandes „wäre also eigentlich Volkswirthschaft und Socialpolitik, für welche beide viel zu wenig Interesse herrscht, weil der Egoismus unserer Generation zu gross ist, und keine der bestehenden Philosophien oder Glaubenslehren geeignet ist, den Menschen die Solidarität der Interessen gebührend an's Herz zu legen"

(E. d. s. pag. 275). Der „strafende und lohnende Gott wird nicht mehr geglaubt", der „Materialismus, so weit er in Fleisch und Blut übergegangen, führt zum principiellen Egoismus". „Schopenhauer's Philosophie vernichtet durch ihren letzten Zweck das Interesse am Weltfortschritt." Wie sehr es mit der Solidarität der Menschen im Argen liegt, „beweisen practisch unsere Volksvertreter und Minister". „Wer Gelegenheit gehabt, viele derselben im Schlafrock kennen zu lernen, wird wissen, wie viel von den Triebfedern ihres Thuns und Lassens auf falsche Ambition, lächerliche Eitelkeit, persönliche Vortheile und Unterhaltung zu setzen ist" (E. d. s. pag. 276). Die grosse Majorität der Menschheit „ist ein überbürdetes, verkommenes Lastthier, das ohne Aufbesserung der materiellen Existenz und Verallgemeinerung der Bildung der menschlichen Bestimmung nicht kann zugeführt werden." „Liebe deinen Nächsten wie dich selbst, und die Menschheit über Alles", das ist das oberste Sittengesetz; es soll realisirt werden durch die Erkenntniss, dass die Interessen der Menschheit die Interessen des Wesens des Einzelnen sind.

Die empirische Welt ist, über das mit dem Zellenleben gegebene Mass hinaus, leidensvoll, weil die Haupttriebfeder zu ihren Vorgängen und Gestaltungen der unsittliche Egoismus war und ist. Nicht der Egoismus schlechthin ist unsittlich, sondern nur der auf's Empirische gerichtete, der in Verkennung seines wahren Wesens einzig die Interessen seines Ichs zu wahren sucht, und darüber sein wirkliches Wohl, das Wohl seines Metaorganismus gefährdet.

Der Egoismus des Materialismus dagegen ist nicht unsittlich, er schliesst die Sittlichkeit nicht aus, sondern in seine Zwecke. „Das Subject, welches den Organismus aus Zellen entwickelt, welches empfindet, denkt, will, ist offenbar dasselbe, welches den Ausspruch in uns veranlasst: „Du sollst." Und warum soll es? Weil es für das

Subject am besten ist, wenn es dieser inneren Stimme nachkommt." Hier stimmt also Hellenbach mit Mainländer zusammen und steht in Opposition zu Hartmann, welcher allen Egoismus, auch denjenigen, welcher mit Mortification seines empirischen Ichs, ganz im Interesse seiner geglaubten transcendenten Existenz handelt, und auch wenn die Resultate dieses Handelns noch so wohlthätig sind, doch als rein natürlich und somit sittlich privativ, d. h. nicht unter der Kategorie der Sittlichkeit zu betrachten, verstanden haben will. „Die Anhänger Schopenhauer's und Hartmann's werden sogleich einwenden, dass meine Moral auf Egoismus beruhe — gewiss; aber was für ein Egoismus ist das?

Es gibt Egoisten, welche Millionen Werthe und Tausende von Menschenleben ihrem Ehrgeize opfern, welche die Noth Anderer zu Gunsten ihrer eigenen materiellen Interessen ausbeuten, welche aus Sinnlichkeit Schandthaten aller Art verüben; es gibt Egoisten, welche für ihre Thaten eine Entschädigung in der Anerkennung oder Belohnung in diesem oder einem anderen Leben erwarten — einen solchen Egoismus gebe ich preis. Aber es gibt auch einen Egoismus, der das Streben hat, vollkommen zu sein, das Gute überhaupt zu wollen und der daran sein Vergnügen findet; ich vertheidige nur jenen Egoismus, der nicht lernt, um damit zu glänzen, sondern um etwas zu wissen; der nicht Gutes schafft, um eine Entlohnung zu finden, sondern weil es ihm gefällt."

Wie Mainländer, J. v. Kirchmann u. A. vermischt Hellenbach die Eigenschaft, dass jeder Wille seinen Inhalt eo ipso bejaht, mit dem eudämonologischen Egoismus, und hält daher das Hartmann'sche Kriterion der Sittlichkeit: „nicht das Seine zu suchen" für unzulänglich. Innerhalb der letztcitirten Stelle nennt Hellenbach erst etwas sittlich, was nicht sittlich ist, und nachher nennt er etwas egoistisch, was nicht mehr egoistisch ist. Sobald man die sichere Unterscheidung fallen lässt, wonach alles sittlich ist, was ohne Rücksicht auf sich selbst, und alles privativ-natürlich, was, wenn auch gut für die Anderen, doch mit Rücksicht auf's eigene Wohl — gleichviel, wo dies liege — geschieht, so geräth man in's Bodenlose.

Sittliche Thätigkeit ist für Hellenbach jede Handlung, die das Wohl des Metaorganismus fördert; es ist dies ohnedies eine solche, die das allgemeine Wohl fördert; und wenn man seine Mitmenschen schädigt, so schädigt man die Aussichten des Fortschrittes und Höherentwickelung seines eigenen Metaorganismus, dessen Momente des Fortschrittes hauptsächlich in den sittlichen Errungenschaften seiner Incorporationsperioden beruhen soll; man handelt also in diesem Falle doppelt unsittlich: im empirischen und transcendentischen Gebiet. Wie in manchen Zügen der Hellenbach'sche Metaorganismus an die mit einem Aetherleibe bekleidete Seele des überwundenen Dualismus erinnert, so nähert sich auch hier seine Doctrin der Kirchenlehre, die vom empirischen Ich zwar die Selbstverleugnung verlangt, aber dieses Gebot als Pflicht gegen die eigene Seele motivirt und auch das Klugheitsprincip eines transcendenten Egoismus gründen will. Dass durch diese Rückwärtsverlegung ein gewaltiger Schritt vorwärts in der Förderung legitimen Handelns, der Wohlthätigkeit und Hinderung schädlichen Thuns gethan ist, unterliegt keinem Zweifel; dass der transcendente Egoismus nicht vor den abscheulichsten Unthaten schützt, zeigen nur zu viele Blätter der Geschichte, wo wir lesen, wie zum Wohl der unsterblichen Seele die Natur und ihre Rechte im eigenen und fremden Subject misshandelt wird.

Unser empirisches Handeln, jede einzelne That, ist durch die Nothwendigkeit der naturgesetzlichen Causalität beherrscht; trotzdem besteht das Gefühl der Verantwortlichkeit, und der „kategorische Imperativ", das „Sollen" des Sittlichen. Diess erklärt sich nun nach Hellenbach derart, dass das intelligible Subject — d. h. der bewusste Metaorganismus — zwar einestheils das Entwickelungsproduct der Errungenschaften seiner verzollten Lebensperioden ist, anderseits aber der eine Factor im empirischen Causalnexus, der Charakter, d. h. die Summe aller Reactionsmodi auf die Motive, die freie That des sich in dem Zellorganismus auswirkenden Metaorganismus darstellt. Hier haben wir also, wie bei Mainländer, die Mischung von Freiheit und Gebundenheit, aber statt mit Anlehnung an die Sankia-Phil. mit derjenigen an Schopenhauer und Kant: die Verlegung der Freiheit in's „esse"; jedoch mit dem Unterschied, dass bei der relativ grossen Unabhängigkeit des Metaorganismus von seinem jeweiligen empirischen Organismus auch der transcendente und der empirische Charakter weiter auseinander klaffen. Die Lehre von der Freiheit des esse scheitert an der Frage, wie etwas, das noch nicht ist, sich selbst soll bestimmen können; in dem hier vorliegenden Falle liegt die Sache nur verhüllter, weil für den empirischen Charakter und die Freiheit seines So-seins auf den Charakter seines Metaorganismus requirirt wird.

Wie kommt der Metaorganismus aber zu dieser freien Gestaltung, da ihm das Organisationsmaterial mit seiner Gebundenheit an die Naturcausalität gegeben ist, und zweitens, wie kann er in seinem, der Gestaltung des empirischen Organismus *plus* Charakter vorhergehenden Willen frei sein, da er ja selbst Entwickelungsproduct, einerseits der Atome, anderseits der idealen Errungenschaften seiner verzellten Lebensepisoden ist? Als ein Gewordenes kann er zwar ein höher Strebendes sein, wenn seine ideale Anticipationskraft weiter reicht als seine Realität; dass er aber so strebt, so will, so thut, ist ebenso durch seine Vergangenheit bedingt, wie die mehr oder mindere Annäherung des Realisirten an seine ideale Anticipation es durch die Beschaffenheit des zu benützenden Materiales und der vorliegenden Verhältnisse ist. „Das Gefühl der Verantwortlichkeit für unser Thun liegt allerdings im *esse* dieses Subjectes (des Metaorganismus), aber das ist nur möglich, wenn dieses Subject nicht aus der Gottheit heraustritt, sondern das Product einer Entwickelung ist, die ich zu besorgen habe; das Gefühl der Verantwortlichkeit wäre ganz unmöglich, wenn die Beschaffenheit des intelligiblen Subjectes ein Werk des Zufalles, der Gottheit oder des „Unbewussten" wäre"; so wäre also das „Sollen" das Hineinscheinen der transcendenten Thatsache, dass unsere Sittlichkeit das Interesse unseres transcendenten Seins ist; über die Freiheit des Charakters sagt es nichts aus.

Wäre der transcendente Individualismus über allen Zweifel, so wäre diese Herleitung des Verantwortlichkeitsgefühls gewiss eine treffliche zu nennen; dagegen kann die Thatsache dieses Gefühles weder etwas über die Ausdehnungssphäre des Individuums aussagen, noch über den Punkt, wo die Naturnothwendigkeit aufhört, solche zu sein und Freiheit eines intelligiblen Subjectes wird. Dass das Gefühl der Verantwortlichkeit in erster Linie auf die Verhältnisse der empirischen Welt geht, ist unbestreitbar, und dass es da ohne Freiheit, bloss auf Grund der schlechthin gegebenen Persönlichkeit hin möglich ist, ist durch die Natur unseres Ich's und seines Verhältnisses, als Product von reiner Intelligenz und Willensnatur begreiflich. Seine metaphysische Wurzel aber ergibt sich jedenfalls widerspruchsloser, als der Bewusstseinsreflex der transcendenten Wahrheit der fundamentalen Einheit alles Seins; deren endliche Verneinung die Quelle aller Unsittlichkeit, deren endliche Bejahung alles sittlichen Bewusstseins und Thuns metaphysische Wurzel und Triebfeder ist. Das Wort A.

Bastian's*), dass die Annäherung an die Gütergemeinschaft von der Liebe der Reichen, nicht vom Hasse der Armen ausgehen soll, welches sich als der „rothe Faden" durch die socialistischen Betrachtungen Mainländer's durchzieht, bildet auch das Thema für Hellenbach's sociale Reformtheorien. Wie Mainländer hat auch Hellenbach sein Ideal eines Zukunftsstaates, worin die Uebelstände, die gegenwärtig die „sociale Frage" bilden, gehoben sind. Hellenbach aber ist eine durchaus practische Natur, er begnügt sich nicht zu deduciren: es wird und muss so kommen, obgleich ich nicht weiss wie; sondern er hat Mittel und Wege aufzuzeigen, auf welchen und durch welche die schmerzhaftesten Schäden der socialen Zustände gehoben werden könnten.

In der „Phil. d. g. M.-V." und in „d. Indiv." können diese nur angedeutet werden. Der Ausführung dieser Gedanken ist der grösste Theil des ersten Bandes der „Vorurtheile der Menschheit" gewidmet. Damit der Staat die an ihn von den Socialisten gestellte Forderung: jedem Einzelnen eine „menschenwürdige Existenz" zu garantiren, nachzukommen im Stande wäre, müsste er Vermögen besitzen, was jetzt — positiv — nicht der Fall ist, da er mehr Schulden als solches hat.

Ein Collectivvermögen zu beschaffen, welches fähig wäre, diese berechtigten Anforderungen zu befriedigen, und welches, um ungestört wirksam sein zu können, vom politischen Staat und dessen jeweiligen kriegerischen Unternehmungen und Verwickelungen unabhängig sein muss, ist Aufgabe der Kinderlosen, die dadurch, dass an Stelle der mangelnden Kinder die Gesammtheit als Erben eines Pflichttheils eintritt, recht eigentlich berufen sind, den Grundstein zu einer neuen Ordnung der Dinge zu legen.

---

*) „Der Mensch in der Geschichte."

Der einfachste Weg, diese neue heilsame Erbordnung einzuführen, wodurch in verhältnissmässig kurzer Zeit ein veredelter Communismus herbeigeführt würde, wäre der durch die Gesetzgebung. Bis dies geschieht, soll freiwillig der Einzelne, der ohne Kinder stirbt, einen Theil seiner Habe, nebst den nöthigen Bestimmungen über deren Verwaltung der Gesammtheit überlassen; in diesem Sinne könnten auch Vereine gegründet werden. *)

Aber auch das Vermögen, resp. das Einkommen des politischen Staates könnte vermehrt, dieser demnach leistungsfähiger gemacht werden, durch Steigerung der Ertragsfähigkeit seines Bodens; und zwar durch eine modificirte Expropriationsmethode in Verbindung mit modificirter Besteuerungsweise; in dem Sinne, dass jedes Grundstück zu der doppelten — resp. bei Häusern und Ansiedelungen dreifachen — Summe soll erworben werden können, als diejenige ist, welche repräsentirt wird durch die Steuer, die der Besitzer, der sein Nutzobject selbst taxirt, an den Staat entrichtet. Dadurch soll der mangelhaften Bewirthschaftung der Güter vorgebeugt werden, während doch durch den dreifach hohen Preis Familienpietät und persönliche Neigung zu baulichen Objecten geschützt wären.

Ausser der Förderung der Entwicklung der Menschheit durch Befreiung der Massen von Noth, Arbeitsüberhäufung und daraus resultirender physischer, intellectueller

---

*) Hellenbach weist an statistischen Ziffern nach, welch' erhebliche Summen z. B. für die Monarchie Oesterreich bei dieser Erbordnung, der zufolge die Gesammtheit die Hälfte des Vermögens der Kinderlosen erben sollte, zusammenkommen würden, und in welch' relativ kurzer Zeit ein der Summe der Privatvermögen gleichwerthiges Gesammtvermögen entstehen würde, durch welches die schädliche — weil egoistische — Wirkung des Ersteren gebrochen wäre, ohne die culturzertrümmernden Folgen des gemeinen Communismus.

und moralischer Verkrüppelung, soll der Fortschritt der Menschheit dadurch beschleunigt werden, dass vermittelst des Gesammtvermögens die Erziehung der Kinder, in physischer und geistiger Hinsicht, vom Staat in die Hand genommen werden kann. Dadurch nun, dass den Eltern die Sorge für die Kinder abgenommen wird, — natürlich ohne irgend welchen Zwang für diejenigen, welche ihre Kinder selbst erziehen wollen — würde einerseits die Form der Ehe wesentlich verändert werden können, zum Andern der Vortheil erzielt, dass die Kinder statt für den Familienegoismus, vom Allgemeinen für's Allgemeine erzogen würden.

In der Auffassung der geschlechtlichen Liebe, als dem Bewusstseinsreflex eines an sich unbewussten Instinctes zu Gunsten der Conservirung und Veredelung des Arttypuses, schliesst sich Hellenbach durchaus an Schopenhauer an.

Indem nun eine Socialreform die Hindernisse aus dem Wege räumt, die jetzt noch entweder Liebende — d. h. von der Natur für einander bestimmte — nicht zur Vereinigung kommen lässt, oder der geschlechtlichen Vereinigung die Sanctionirung durch die sociale Verbindung versagen (in welcher allein unter den gegenwärtigen Verhältnissen halbwegs die Möglichkeit erträglich günstiger Lagen zur Heranziehung der Producte der Liebe gegeben sind), wirkt sie direct fördernd am Naturprocess mit. Indirect würde die Veredelung der Racen noch dadurch begünstigt, dass unter diesen Voraussetzungen sorgloser Familiengründung, fast keine Ehen mehr aus blos materiellen Interessen geschlossen würden, welche vom Standpunkt dieser Auffassung der Liebe und Ehe eine Versündigung an der Weisheit der Natur sind.

Die Menschheit im socialen Zustand eines veredelten Communismus, eines Zustandes, wo ohne Gefährdung des

Eigenthums doch alle Glieder der Gesellschaft eine den menschlichen Bedürfnissen und Entwicklungstendenzen angemessene Existenz gesichert wäre, würde sowohl nach den sanitärischen Verhältnissen, als bezüglich der moralischen Hebung eine so veränderte Physiognomie erhalten, dass damit eine Art „goldenen Zeitalters" in Scene gesetzt wäre. Jedoch würde dadurch dem biologischen Process noch keineswegs der Charakter des Pessimismus entzogen. Nicht um der höchsterreichbaren Glückseligkeit willen, die in der empirischen Welt möglich ist, bekennt sich Hellenbach zum Optimismus, sondern lediglich, weil die Welt der Erfahrung nur als Entwicklungsstadium eines höheren individuellen Lebens von ihm aufgefasst wird. So kann er sich unbeschadet seiner Weltverbesserungstheorien und Hoffnungen, die sich immer nur auf dieses oder jenes der einzelnen Uebel, nicht aber auf die mit dem empirischen Leben selbst gesetzten Grundübel richten, den Worten Schopenhauer's anschliessen: „Es ist keineswegs der Zweck des Lebens, glücklich zu sein, vielmehr ist es im Leben recht eigentlich darauf abgesehen, dass wir uns nicht glücklich fühlen sollen. Das Leben ist in der That der Läuterungsprocess, je mehr man leidet, um so eher wird der wahre Zweck des Lebens erreicht." Nur führt nach Hellenbach die Erkenntniss der eudämonologischen Werthlosigkeit des denkbar glücklichsten Lebens nicht zur Verneinung der Existenz überhaupt, sondern nur zur Verneinung der Incarnation der Seele im menschlichen Organismus, eine Verneinung, die vielleicht nothwendig ist zur Production einer höheren Organisation. *)

Es würde ausser den Rahmen dieses Berichtes fallen, wollten wir weiter auf den Inhalt der „Vorurtheile" ein-

---

*) Ein Gedanke, den wir auch von C. du Prel ausgesprochen finden.

gehen, oder gar das pro et contra der Verbesserungsvorschläge erörtern; jedoch wollen wir nicht ermangeln, ganz besonders dieses Werk unseren Lesern auf's Beste zu empfehlen.

Der Verfasser gebietet über reiche Welt- und Menschenkenntniss; seine gesellschaftlich begünstigte Stellung hat ihn hinter die Coulissen des politischen Theaters blicken lassen. Der Glanz und Flitter des high lifes blenden sein Auge nicht; er weiss gerecht zu scheiden zwischen Kern und Schale in der Höhe der Begünstigten, wie in der Tiefe bei den Stiefkindern weltlichen Glückes, zu denen ein warmes Herz ihn mitleidsvoll zieht: ein geborenes Mitglied zweier Herrenhäuser (Ungarn, Croatien) als Vertreter eines „veredelten Communismus" ist gewiss eine aller Beachtung werthe Erscheinung.

Hellenbach's social-reformatorische Theorien stehen oder fallen nicht mit seiner Naturphilosophie und verdienen losgelöst von seiner Philosophie die allgemeinste Beachtung; die Forderung der Solidarität hängt nicht von dem Eigennützigkeitsprincip einer Seelenwanderungs-Philosophie ab. Das Moralprincip der Klugheit, welches in erster Linie seinem Postulat der Hingabe an das Allgemeine untersteht, bedarf der monistischen Voraussetzungen, wenn diese Hingebung bis zur Realisirung des Gesetzes der Nächsten- und Menschenliebe „über Alles" erweitert werden soll.

Was nun endlich den Optimismus Hellenbach's betrifft, so kann derselbe so wenig Object der Kritik sein, als die Paradieseshoffnungen der Mahommedaner oder die Hoffnungen der Orthodoxen auf das himmlische Jerusalem; er ist eben Glaubenssache, wogegen empirische Gründe nichts vorhalten. Dagegen scheint Hellenbach zu übersehen, dass der *a priori* zu erkennende Grund für die leidvolle Beschaffenheit unserer Welt auch für die Bewusstseinstranscendente Welt der Metaorganismen besteht: mit der

Willensnatur ist der Trieb und die Unrast, mit der Realität die Collision, mit der Collision die wechselseitige Behinderung der Willensacte gegeben, und mit der letzteren die Unlust, und dass das „Recht des Stärkern" auch im Reiche der Metaorganismen bestehen möchte, gesteht Hellenbach im III. B. der „Vorurth." selbst zu. Ohne Ursache keine Wirkung: eine leidvolle Welt der Erfahrung, als Erscheinungsform einer tieferliegenden, führt nothwendig zu Bedenken über die Beschaffenheit dieser letzteren.

Wenn ich schlecht schlafe, meine Träume mir lauter Hindernisse und Aengste schaffen, so schliesse ich daraus auf einen gestörten, leidenden Zustand meines Organismus; wenn der Bewusstseinstraum meiner Psyche, mein „verzelltes Leben", überwiegend Unlust bringt, bin ich nicht berechtigt zu besorgen, auch mein Metaorganismus liege nicht auf dornenlose Rosen gebettet?

Schlusswort.

Während Hellenbach seine Stellung zu Schopenhauer bescheiden und richtig als eine „ziemlich weite Abzweigung" von dessen Philosophie bezeichnet, erachtet sich Mainländer als „auf den Schultern desselben stehend", eine Meinung, der wir nicht beipflichten können. Die einzige Bedeutung, die Mainländer's Versuch eines auf Schopenhauer basirten Systems in der Geschichte der Philosophie zukommen möchte, wäre als Illustration zu dienen, dass Schopenhauer's Philosophie in ihrem gegebenen Zustande zum Weiterbau nicht der geeignete Grund ist.

Soll dessen kühner Gedankenbau der Höhe zu weiter geführt werden, so kann es nur durch Erweiterung seines Grundprincipes geschehen.

So weit die Welt auf das Princip des Willens zurückgeführt werden kann, ist es durch Schopenhauer in unübertrefflicher Weise gethan worden. Dass es ohne Widersprüche nicht ablief, lag an dem für sich allein ungenügenden Princip; wo Mainländer diese Widersprüche auszumerzen meint, geschieht es vermittelst Verflachung der Probleme. Wo er in Gemeinschaft mit Hellenbach (und anderen in der Einleitung genannten Schopenhauerianern) wirklich einen Schritt über den Meister hinausthut, das ist in der Erkenntnisstheorie; dagegen thut er einen verhängnissvollen Rückschritt durch die nutzlose Opferung des monistischen Hintergrundes, wodurch er theils den Errungenschaften der realistischen Erkenntnisstheorie den Boden wieder entzieht, zum andern das Schopenhauer'sche, zwar enge, aber echte Moralprincip des All-Mitleids gegen das Pseudomoral-Princip des Egoismus, als Consequenz der verabsolutirten Individuen, zu vertauschen gezwungen ist. Hellenbach's transcendenter Individualismus stammt wesentlich aus dem Gedanken, dass alle Entwickelung in Capitalisirung des Erarbeiteten besteht, dass aber Vererbung und Mittheilung zu dieser Capitalisirung nicht ausreichend sind; eine dem Naturalismus oppositionelle Idee, deren auch wissenschaftliche Berechtigung gewiss nicht zu leugnen ist, wenn auch die Annahme, dass die teleologische Verbürgtheit dieser Capitalisirung nur unter der Voraussetzung möglich sei, dass letztere im Individuum selbst stattfinde, fern davon die einzig mögliche Lösung der Frage zu sein, dem Naturerkennen nur neue Schwierigkeiten bereitet.

Gleichzeitig ist die „Phil. d. g. M.-Verst." als ein letzter Versuch zur Rettung des dem *common sense* so bequemen Dualismus von Seele und Körper vor den Gerichtshöfen der Philosophie und Naturwissenschaft zu betrachten, und möchte auch als solcher einiges Interesse beanspruchen dürfen; soweit sie ferner den Versuch enthält, dem Gemüthspostulat nach jenseitigem Glück und Ausgleichung eine letzte Reservation zu sichern, möchte ihr auch die Sympathien der zahlreichen, zwischen Optimismus und Pessimismus Schwankenden sicher sein. Der Schwerpunkt von Hellenbach's idealen Bestrebungen liegt aber jedenfalls nicht im Gebiet der Philosophie, sondern in dem der Socialpolitik, wo seine reformatorischen Ideen volle Beachtung verdienen, und von der wohlthätigsten, befruchtendsten Wirkung sein könnten.

Für den Individualismus als solchen möchten die vorliegenden Behauptungsversuche unserer zwei Schopenhauerianer das negative Resultat ergeben, dass derselbe auch in dieser, von der bisherigen abweichenden, und der, durch die Naturwissenschaft unumstösslich festgestellten Relativität des Individualitätsbegriffes möglichst Rechnung tragenden Form, **unhaltbar** ist; indem die Kritik ergeben muss — was wir hier eben nur andeutend geben konnten — 1. dass der Individualismus für die **Erkenntnisstheorie** unfruchtbar ist, indem unter dessen Voraussetzung wirkliche Erkenntniss nur Zufall, nicht aber causale oder logische Nothwendigkeit wäre; 2. dass er bei Berücksichtigung der Relativität des Individualitätsbegriffes in der Naturphilosophie mit dem materialistischen und hylozoistischen Atomismus den Mangel theilt, die innere Thatsache der Einheit des Selbstbewusstseins nicht erklären zu können, sowie das über der Natur der Zeugung liegende, von der Naturwissenschaft noch nicht bewältigte Dunkel nur noch undurchdringlicher zu machen; 3. endlich, dass er dem **sittlichen Bewusstsein** nicht Genüge leistet, indem er nur die Klugheitsmoral principiell zu begründen vermag, aber die Thatsache der nicht-egoistischen Hingebung an das Allgemeine, entweder als unerklärbares Paradoxon hinnehmen oder sophistisch umdeuten muss, — und in beiden Fällen der echten Sittlichkeit keine objective transcendente Begründung zu verschaffen vermag.

Stein a. Rh. im August 1880.

O. Plümacher.

ZWEI INDIVIDUALISTEN

DER

SCHOPENHAUER'SCHEN SCHULE.

VON

O. PLUMACHER.

Wien, 1881.

VERLAG VON L. ROSNER.